Theological German

A Reader

Answer Key

HELMUT W. ZIEFLE

Part 1

Selection 1 (pp. 20–22)

A. 1. a 2. b 3. d 4. a 5. c 6. a 7. b 8. d 9. a 10. c

B. 1. Where did John preach?
    2. Who shall repent?
    3. What kind of a garment did John wear?
    4. What did John eat?
    5. What did John say to the Pharisees and Sadducees?
    6. What is already laid to the roots of the trees?
    7. What is cut down and thrown into the fire?
    8. With what does John baptize?
    9. With what does Jesus baptize?
    10. What did a voice coming from heaven say?

Selection 2 (pp. 28–30)

A. 1. a 2. d 3. b 4. a 5. c 6. c 7. b 8. d 9. a 10. c

B. 1. What did the ruler want to know from Jesus?
    2. What did the ruler keep from the days of his youth?
    3. What is the ruler still lacking?
    4. Why is the ruler sad?
    5. What is very difficult?
    6. What did Peter say to Jesus?

7. What do the disciples of Jesus receive?
8. What will happen to Jesus in Jerusalem?
9. Why did the disciples not understand the words of Jesus?
10. What has helped the blind man?

Selection 3 (pp. 36–37)

A. 1. d 2. a 3. b 4. c 5. b 6. c 7. b 8. c 9. a 10. b

B.
1. Who was with God and in everything equal to God?
2. What was created by him?
3. What was he in everything that has been created?
4. What function did he have for men?
5. What was it that darkness could not extinguish?
6. What task did John have?
7. Who became a child of God?
8. What did God give the children of God?
9. What did God show us in his only Son?
10. What did the only Son show us?

Selection 4 (pp. 46–48)

A. 1. a 2. c 3. d 4. b 5. a 6. a 7. d 8. c 9. b 10. c

B.
1. Why did Saul go to the high priest?
2. What did Jesus say to Saul on the road to Damascus?
3. Why were Saul's companions numb?
4. What happened when Saul arose from the ground?
5. Why did Ananias not want to go to Saul?
6. What task does the Lord have for Saul?
7. What did Ananias say to Saul?
8. What did Saul do after he had regained his sight?
9. Where did Saul stay for some time?
10. Whom did Saul preach in the synagogues?

Selection 5 (pp. 56–58)

A. 1. a 2. c 3. c 4. a 5. c 6. d 7. c 8. a 9. d 10. b

B.
1. Through whom do we have peace with God?
2. What does affliction produce?
3. What does patience produce?
4. Who died for us when we were still weak?
5. How did we become justified?
6. What did we receive through Jesus Christ?

7. What came into the world through one man?
8. Where is sin not charged?
9. Where does justification lead?
10. Why did the law enter in between?

Selection 6 (pp. 64–66)

A. 1. d 2. a 3. b 4. d 5. a 6. b 7. d 8. a 9. c 10. d
B. 1. Why do we not get tired?
    2. What do we avoid?
    3. What is it that the unbelievers do not see?
    4. What do we preach?
    5. What did God give in our hearts?
    6. What do we know?
    7. Why does everything take place for your sake?
    8. What is renewed day by day?
    9. What is temporal?
    10. What is eternal?

Selection 7 (pp. 74–76)

A. 1. a 2. d 3. b 4. c 5. b 6. d 7. b 8. c 9. a 10. d
B. 1. Why did John write this letter?
    2. Who is a liar?
    3. How do we know that we are in him?
    4. Who is still in darkness?
    5. Why did John write to the fathers?
    6. Why did John write to the young men?
    7. Why did John write to the children?
    8. In whom is not the love of the Father?
    9. Who denies that Jesus is the Christ?
    10. What did Jesus promise us?

Selection 8 (pp. 84–86)

A. 1. a 2. c 3. a 4. a 5. d 6. a 7. d 8. c 9. b 10. d
B. 1. What did God create in the beginning?
    2. What did God separate from the darkness?
    3. What did God create on the second day?
    4. How did God name the gathering of the waters?
    5. What did God create on the third day?
    6. What function did the two great lights have?
    7. What did God create on the fifth day?

8. Over what shall man rule?
9. With what shall man feed himself?
10. How had God made everything?

Selection 9 (pp. 94–96)

A. 1. c 2. d 3. a 4. a 5. c 6. c 7. b 8. d 9. a 10. c

B. 1. What is it that Adam and Eve may not eat?
2. How does the tree seem to her?
3. Why were the eyes of both of them opened?
4. Why did they sew fig leaves together?
5. Why did they hide when they heard the voice of God?
6. Why did Eve eat from the fruit of the tree?
7. What did God say to the serpent?
8. What did God say to Eve?
9. What did God say to Adam?
10. What did they have to leave now?

Selection 10 (pp. 102–04)

A. 1. a 2. c 3. b 4. c 5. d 6. a 7. c 8. b 9. d 10. b

B. 1. What is God for us?
2. What are a thousand years like for God?
3. Who is like a grass before God?
4. What does God place before himself?
5. How long does our life last?
6. What is life for man?
7. What shall we think of?
8. What is the Lord like to his servants?
9. With what shall the Lord fill us?
10. What shall the Lord support?

Selection 11 (pp. 110–11)

A. 1. a 2. c 3. c 4. d 5. a 6. c 7. d 8. a 9. d 10. b

B. 1. Who forgives David's sins?
2. With what does God crown David?
3. To whom does the Lord bring justice?
4. What is the Lord like?
5. Whom does the Lord pity?
6. What does God remember?
7. What is man like in his life?
8. What lasts from everlasting to everlasting?

9. Who executes God's command?
10. Who does God's will?

Selection 12 (pp. 118–20)

A. 1. c 2. b 3. c 4. a 5. d 6. a 7. c 8. a 9. c 10. b

B. 1. Why shall the desolate one shout with joy?
2. What does the Lord promise her descendants?
3. What will she forget?
4. Who is her redeemer?
5. What did God swear at the time of Noah?
6. What shall not depart from the barren one?
7. Who are her sons?
8. Why does she not have to be afraid?
9. What happens to those who fight against her?
10. What happens to the tongues which rise against her?

Selection 13 (pp. 126–28)

A. 1. a 2. b 3. d 4. a 5. b 6. d 7. a 8. c 9. b 10. c

B. 1. Why did Jeremiah not wish to become a prophet?
2. What shall Jeremiah preach?
3. Why is Jeremiah not to be afraid of the nations?
4. What does God put in Jeremiah's mouth?
5. Over whom does God set Jeremiah today?
6. What does Jeremiah see?
7. What shall all nations of the kingdoms of the north do?
8. Why is Judah judged?
9. What does God do with Jeremiah today?
10. Who will help Jeremiah?

Selection 14 (pp. 136–37)

A. 1. b 2. c 3. d 4. d 5. c 6. a 7. c 8. b 9. d 10. a

B. 1. Where did the Lord put Ezekiel?
2. In what condition were the bones?
3. What does God want to do with these bones?
4. What happened when Ezekiel prophesied as he was ordered to do?
5. Who are these bones?
6. What does Ezekiel have to write on the two sticks?
7. Why does Ezekiel have to join one stick to the other?

8. What does God want to do with the Israelites?
9. Who shall no longer be divided into two kingdoms?
10. Who makes Israel holy?

Selection 15 (pp. 144–46)

A. 1. a 2. d 3. b 4. c 5. d 6. a 7. c 8. b 9. a 10. c
B. 1. Why was the king sad?
2. What did the king look for all day?
3. What cannot be revoked?
4. Where did they throw Daniel?
5. What did the king say to Daniel?
6. Why was the mouth of the den sealed?
7. When did the king get up?
8. Why is the king overjoyed?
9. Who was killed by the lions?
10. What does the God of Daniel mean for the king now?

Part 2

Selection 16 (pp. 152–54)

A. 1. d 2. a 3. c 4. d 5. b 6. a 7. c 8. c 9. a 10. d
B. 1. What can faith do?
2. What do the Scriptures prescribe for us?
3. What alone makes us pious, free, and blessed?
4. Into what parts are the Holy Scriptures divided?
5. What do the commandments teach us?
6. Where does one find the commandments?
7. What does the commandment "Thou shalt not have sinful desire" prove?
8. What happens to man then?
9. What does man need?
10. What is also impossible for us?

Selection 17 (pp. 160–62)

A. 1. a 2. b 3. d 4. c 5. b 6. a 7. d 8. c 9. d 10. b
B. 1. What is the part of the Jewish worship service that, according to John, should be reformed first?
2. What requires healing?
3. Which question receives the greatest weight if one talks about repentance and forgiveness?

4. Why does one talk not of the sin of the Jews but of "the sin of the world"?
5. What does the sacrifice not give the Jew?
6. What has been rejected?
7. What guilt does Christ take from the Jew?
8. Who resists Jesus in the same way and receives from him the same promise?
9. What did John the Baptist say about Jesus?
10. What did John the Baptist show?

Selection 18 (pp. 168–71)

A. 1. a 2. d 3. b 4. c 5. a 6. b 7. d 8. c 9. b 10. c
B. 1. What kind of prophetic activity does Ezekiel exercise?
    2. When did he come to Babylonia?
    3. What kind of a problem does Ezekiel sense?
    4. Which assumption is more natural?
    5. What does Ezekiel see in a vision?
    6. How does Ezekiel visualize the occurrence of deliverance?
    7. With what are the older prophets occupied?
    8. With what is Ezekiel occupied at the same time?
    9. How does Ezekiel view the captives in Babylonia?
    10. With whom do we find the idea of the new covenant alongside the idea that a king will come from the line of David to whom God entrusts ruling power?

Selection 19 (pp. 176–78)

A. 1. b 2. c 3. b 4. b 5. c 6. a 7. d 8. d 9. a 10. b
B. 1. With what does the Christian life begin and end?
    2. What must man do to become a Christian?
    3. Which comes first—love or faith?
    4. Why?
    5. Into what position does the man who believes put himself?
    6. How does this position influence man's faith?
    7. What is the highest and best existence and conduct?
    8. What is the Christian asked for in everything that he does or does not do?
    9. What role does love play in the Christian life?
    10. What is the basis of the Christian's existence and action before God?

Selection 20 (pp. 184–86)

A. 1. a 2. d 3. b 4. a 5. c 6. d 7. c 8. a 9. b 10. c

B. 1. With what does the God of Jesus Christ have nothing to do?
    2. In what must we immerse ourselves?
    3. What is it that cannot touch us without God's will?
    4. What can we demand?
    5. What can we ask for?
    6. On what do we stand?
    7. Why do we have a purpose for living?
    8. Are the people we love the value in our lives?
    9. What is it that occasionally disappears from our view?
    10. What is the biblical concept for the nonbiblical "purpose"?

Selection 21 (pp. 192–94)

A. 1. d 2. a 3. b 4. d 5. c 6. b 7. c 8. a 9. c 10. a

B. 1. What is our predicament?
    2. What is the predicament of the church?
    3. What do those do who look back?
    4. What do those do who look ahead?
    5. What does the third group do?
    6. Through whom does the living God not speak?
    7. Who is our Lord and the Head of his church?
    8. What was the miracle of Pentecost for the apostles?
    9. To whom is the Holy Spirit bound?
    10. What does the Holy Spirit create?

Selection 22 (pp. 202–04)

A. 1. c 2. b 3. a 4. c 5. d 6. d 7. d 8. a 9. c 10. d

B. 1. What question has to be addressed yet?
    2. Why did the prodigal son get on well again?
    3. What does Jesus want to show us?
    4. Who is lost if he looks to himself?
    5. Where is the kingdom of God now?
    6. Why did Jesus come down to earth to us?
    7. What do we see if we look at Jesus?
    8. What reaction would we have if it were just anyone at all who told us this story of the gracious Father?

9. Who is Jesus?
10. What is the last secret of this story?

Selection 23 (pp. 212–14)
A. 1. c 2. a 3. b 4. d 5. a 6. b 7. d 8. a 9. c 10. b
B. 1. What do both passages explain for us?
2. To whom is the first word addressed?
3. What is the situation of present-day Christendom like?
4. What danger threatens us today?
5. How does the process of isolation influence closely-knit congregations?
6. What does God say to this situation?
7. How does the royal Shepherd help us?
8. What may we expect in the future?
9. To whom is the second passage addressed?
10. How does Christ help us?

Selection 24 (pp. 222–25)
A. 1. a 2. b 3. d 4. c 5. a 6. c 7. b 8. d 9. b 10. b
B. 1. What were Jesus and his first apostolic witnesses?
2. How did they read and interpret the Old Testament?
3. What was the Old Testament till the middle of the second century?
4. What did this Old Testament cover?
5. What did synagogical Jewry do after the historic disasters in the years A.D. 70 and 135?
6. With what does the canon of the synagogue start?
7. How did early Christianity view the Apocrypha of the Old Testament?
8. What was an important question for the church in the second century?
9. What did not exist from the time of Jesus until the completion of the biblical canon in the fourth and fifth centuries?
10. What does the synagogue reject as false belief?

Selection 25 (pp. 232–34)
A. 1. d 2. a 3. b 4. c 5. d 6. a 7. c 8. b 9. d 10. c
B. 1. What is God?

2. What does not occur in Luther's translation?
3. What did Luther want to indicate with "HErr"?
4. What is the first "Herr" in Hebrew?
5. With what name does "Jahwe" have a certain similarity?
6. What was prohibited in the Jewish worship service?
7. How did one prevent the reader from saying the forbidden word by mistake?
8. Since when has "Jehovah" been written out?
9. Why does God introduce himself to Moses by name?
10. Why is the objective explanation of God's name more important to us than the linguistic explanation?

Selection 26 (pp. 240–42)

A. 1. a 2. d 3. c 4. c 5. b 6. c 7. b 8. d 9. a 10. c

B. 1. What is the fate of all human efforts to bring about peace?
2. What is marked by the signs of human sin and self-assertion?
3. Over what is Jesus Christ Lord?
4. What kind of a kingdom will Jesus Christ bring?
5. Who is waiting for this kingdom?
6. In what kind of a world are we living today?
7. For what shall one pray today?
8. What is the task of the church?
9. Does the New Testament speak of a Christian state?
10. What shall Christians do for peace?

Selection 27 (pp. 250–52)

A. 1. a 2. b 3. d 4. d 5. d 6. c 7. c 8. c 9. c 10. d

B. 1. What is the main purpose running through the Old and New Testaments?
2. What is the Bible all about?
3. In regard to what question does the Bible know no tolerance?
4. Why is the patience of God so important?
5. Who was overcome and finally condemned by the word of Christ?
6. What is the biblical exegete?
7. About what does Scripture leave no doubt?
8. Why does history have a goal?

73661

9. What is the content of the history of salvation according to Scripture?
10. What break (turning point) labels everything in Scripture either before or after?

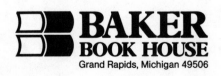

BAKER
BOOK HOUSE
Grand Rapids, Michigan 49506

Theological German
A Reader

Theological German
A Reader

HELMUT W. ZIEFLE

BAKER BOOK HOUSE
Grand Rapids, Michigan 49506

Copyright 1986 by
Baker Book House Company

ISBN: 0-8010-9931-5

Library of Congress Catalog Card Number: 86-70162

Printed in the United States of America

Contents

73661

Contents

Part 3
A Selection from Modern Christian Biography

Introduction

Theological German: A Reader is designed to help English-speaking students read and translate the German Bible and texts of German theologians. Part 1 consists of selections from the Bible. For the sake of variety these selections have been drawn from three versions: selections 1, 2, 4, and 9 are from the 1912 edition of Luther's translation (*Die Bibel nach der deutschen Übersetzung D. Martin Luthers*—Stuttgart: Deutsche Bibelgesellschaft, 1912); selections 5, 6, 7, 8, 10, 11, 12, and 13 are from the 1985 edition (*Die Bibel nach der Übersetzung Martin Luthers*—Stuttgart: Deutsche Bibelgesellschaft, 1985); and selections 3, 14, and 15 are from the Good News edition (*Die Bibel in heutigem Deutsch/Die Gute Nachricht des Alten und Neuen Testaments mit den Spätschriften des Alten Testaments*—Stuttgart: Deutsche Bibelgesellschaft, 1982).

Part 2 consists of readings from prominent German theologians, including (among others) Martin Luther, Albert Schweitzer, Karl Barth, Dietrich Bonhoeffer, and Helmut Thielicke. Each selection is introduced by a short biographical sketch, which should be of interest to students as they work on the text. It is highly recommended that students translate the easier biblical passages before moving on to the more difficult readings from German theologians.

7

Part 3 is a chapter from the author's book *Eine Frau gegen das Reich,* which depicts the gripping true account of his parents' struggle to keep the family faithful to God during Hitler's reign in Germany. This will expose students to modern German biography.

For the sake of convenience, English translations of the less common German words are given opposite the German text in parts 1 and 2. Nouns are listed with their gender and plural form. The gender is indicated by the definite article *der* (masculine), *die* (feminine), or *das* (neuter). Thus, for example, the entry "**der Baum** (⸚e) tree" tells us that the noun is masculine and the plural form is *Bäume.* Verbs are listed with their auxiliary and (if irregular) their principal parts. For example, the entry "**schreiben** (h.) (ie, ie) to write" tells us that the auxiliary is *haben* and that the principal parts are *schreiben, schrieb, geschrieben.* The designation (s.) indicates that the auxiliary is *sein.* In addition, idioms and other words or phrases which are used in a nonliteral way have been translated.

For each reading in parts 1 and 2 there are multiple-choice exercises designed to improve translation skills by requiring the student to make a careful analysis of the precise meaning of the German text. Questions are also provided at the end of each selection to test the student's basic comprehension of the material. These questions can be answered in either oral or written form. For the benefit of the student working independently, an answer key to these exercises has been provided.

Limitations of space have made it impossible to include a grammar section. For those who wish to review German grammar, the author highly recommends Kimberly Sparks and Vail Van Horn, *German in Review,* 2d ed. (New York: Harcourt, Brace & World, 1986), and Charles B. Johnson, *German Reference Grammar* (Lexington, Mass.: D. C. Heath, 1971). For additional vocabulary the following are recommended: *Cassell's German Dictionary,* rev. ed., ed. Harold T. Betteridge (New York: Macmillan, 1977); *Lan-*

genscheidt New College German Dictionary (Maspeth, N.Y.: Langenscheidt, 1973); *Langenscheidt New Muret-Sanders Encyclopedic Dictionary*, 2 vols. (Maspeth, N.Y.: Langenscheidt, 1974); Helmut W. Ziefle, *Dictionary of Modern Theological German* (Grand Rapids: Baker, 1982).

Theological German: A Reader is an attempt to fill a void by providing meaningful and challenging texts and exercises for English-speaking students who want to read the German Bible and the works of German theologians in the original. May it help improve their basic skills and kindle interest in studying other important works of German theologians in the language in which they were written.

Abbreviations

acc.	accusative
adj.	adjective
dat.	dative
dem. pron.	demonstrative pronoun
gen.	genitive
h.	*haben*
inf.	infinitive
lit.	literally
pl.	plural
p.p.	past participle
rel. pron.	relative pronoun
s.	*sein*

PART 1

Selections
from the Bible

1

Matthäus 3, 1–17

From *Die Bibel nach der deutschen Übersetzung D. Martin Luthers* (Stuttgart: Deutsche Bibelgesellschaft, 1912). Reprinted by permission.

15

Selections from the Bible

Johannes der Täufer John the Baptist **predigen** (h.) to preach
die Wüste (-n) wilderness, desert **jüdisch** Jewish **des jüdischen Landes** of
Judea (lit., of the Jewish land)

sprechen (h.) (a, o) to say, to speak **Buße tun** (h.) (a, a) to repent **das Himmelreich** kingdom of heaven **nahe** near **herbeikommen** (s.) (a, o) to come
near **das Himmelreich ist nahe herbeigekommen** the kingdom of heaven
has come near

5 **Und er ist der, von dem** And he is the one of whom
die Stimme (-n) voice **der Prediger** (-) preacher

bereiten (h.) to prepare, to make ready **der Weg** (-e) way **richtig machen**
(h.) to straighten
der Steig (-e) path
das Kleid (-er) garment, dress **das Kamelhaar** (-e) camel's hair
10 **ledern** leather **der Gürtel** (-) belt **und einen ledernen Gürtel** and a leather
belt **die Lende** (-n) loin **die Speise** (-n) food
die Heuschrecke (-n) locust **wild** wild **der Honig** honey

hinausgehen (s.) (i, a) to go out **die Stadt** (-̈e) city **die Stadt Jerusalem**
here, Jerusalem
das Land (-̈er) country, land **das ganze jüdische Land** here, all of Judea **alle
Länder** all lands

sich taufen lassen (h.) (ie, a) to be baptized, to receive baptism **bekennen**
(h.) (a, a) to confess
15 **die Sünde** (-n) sin

als when **nun** now **der Pharisäer** (-) Pharisee **der Sadduzäer** (-) Saddu-
cee **sehen** (h.) (a, e) to see
die Taufe (-n) baptism **das Otterngezüchte** (-) brood of vipers
einem etwas weisen (h.) (ie, ie) to show something to someone **zukünftig**
future
der Zorn wrath, anger **entrinnen** (s.) (a, o) to escape
20 **zusehen** (h.) (a, e) to take care, to be careful, to watch **rechtschaffen** righteous, honest **die Frucht** (-̈e) fruit **die Buße** repentance **tut rechtschaffene Frucht der Buße!** here, bring forth (do, make) good fruit of repentance
denken (h.) (a, a) to think **Denket nur nicht** Do not think **bei euch** here,
by or to yourselves
vermögen (h.) to be able to
der Stein (-e) stone **das Kind** (-er) child **erwecken** (h.) to raise up
schon already **die Axt** (-̈e) ax **der Baum** (-̈e) tree **die Wurzel** (-n) root **Es
ist schon die Axt den Bäumen an die Wurzeln gelegt** The ax is already laid
to the roots of the trees
25 **darum** therefore **Darum, welcher Baum nicht gute Frucht bringt** here,
Therefore any tree that does not bear good fruit
abhauen (h.) to cut down, to cut off **das Feuer** (-) fire **etwas ins Feuer
werfen** (h.) (a, o) to throw something into the fire
das Wasser water

stärker stronger **genugsam** sufficient, enough **dem ich auch nicht genugsam bin, seine Schuhe zu tragen** here, for whom I am also not worthy
(sufficient, enough) to carry his sandals (shoes)

16

¹Zu der Zeit kam Johannes der Täufer und predigte in der Wüste des jüdischen Landes
²und sprach: Tut Buße, das Himmelreich ist nahe herbeigekommen!
³Und er ist der, von dem der Prophet Jesaia gesagt hat und gesprochen: „Es ist eine Stimme eines Predigers in der Wüste: Bereitet dem Herrn den Weg und machet richtig seine Steige!"
⁴Er aber, Johannes, hatte ein Kleid von Kamelhaaren und einen ledernen Gürtel um seine Lenden; seine Speise aber war Heuschrecken und wilder Honig.
⁵Da ging zu ihm hinaus die Stadt Jerusalem und das ganze jüdische Land und alle Länder an dem Jordan
⁶und ließen sich taufen von ihm im Jordan und bekannten ihre Sünden.
⁷Als er nun viele Pharisäer und Sadduzäer sah zu seiner Taufe kommen, sprach er zu ihnen: Ihr Otterngezüchte, wer hat denn euch gewiesen, daß ihr dem zukünftigen Zorn entrinnen werdet?
⁸Sehet zu, tut rechtschaffene Frucht der Buße!
⁹Denket nur nicht, daß ihr bei euch wollt sagen: Wir haben Abraham zum Vater. Ich sage euch: Gott vermag dem Abraham aus diesen Steinen Kinder zu erwecken.
¹⁰Es ist schon die Axt den Bäumen an die Wurzeln gelegt. Darum, welcher Baum nicht gute Frucht bringt, wird abgehauen und ins Feuer geworfen.
¹¹Ich taufe euch mit Wasser zur Buße; der aber nach mir kommt, ist stärker denn ich, dem ich auch nicht genugsam bin, seine Schuhe zu tragen; der wird euch mit dem heiligen Geist und mit Feuer taufen.

17

die Wurfschaufel (-n) winnowing shovel
die Tenne (-n) threshing floor **fegen** (h.) to sweep **der Weizen** wheat **die Scheune** (-n) barn **sammeln** (h.) to gather
die Spreu chaff **verbrennen** (h.) (a, a) to burn **ewig** everlasting, eternal, endless
Galiläa Galilee **der Jordan** Jordan

35 **daß er sich von ihm taufen ließe** here, to be baptized by him (lit., that he would be baptized by him)
einem etwas wehren (h.) to prevent someone from doing something **bedürfen** (h.) (u, u) to have need of **Ich bedarf wohl, daß ich von dir getauft werde** I have need of being baptized by you

Laß es jetzt also sein! here, Let it be so now!
gebühren (h.) to be fitting, to be proper **die Gerechtigkeit** justice **erfüllen** (h.) to fulfil
40 **zulassen** (h.) (ie, a) to allow, to permit

heraufsteigen (s.) (ie, ie) to come up **alsbald** immediately
auftun (h.) (a, a) to open
gleich als eine Taube herabfahren here, descending like a dove

45 **eine Stimme vom Himmel herab** a voice coming from heaven
an welchem ich Wohlgefallen habe with whom I am well pleased

¹²Und er hat seine Wurfschaufel in der Hand: er wird seine
Tenne fegen und den Weizen in seine Scheune sammeln;
aber die Spreu wird er verbrennen mit ewigem Feuer.
¹³Zu der Zeit kam Jesus aus Galiläa an den Jordan zu
Johannes, daß er sich von ihm taufen ließe.   35
¹⁴Aber Johannes wehrte ihm und sprach: Ich bedarf wohl,
daß ich von dir getauft werde, und du kommst zu mir?
¹⁵Jesus aber antwortete und sprach zu ihm: Laß es jetzt
also sein! also gebührt es uns, alle Gerechtigkeit zu erfüllen. Da ließ er's ihm zu.   40
¹⁶Und da Jesus getauft war, stieg er alsbald herauf aus
dem Wasser; und siehe, da tat sich der Himmel auf über
ihm. Und er sah den Geist Gottes gleich als eine Taube
herabfahren und über ihn kommen.
¹⁷Und siehe, eine Stimme vom Himmel herab sprach: Dies   45
ist mein lieber Sohn, an welchem ich Wohlgefallen habe.

Exercises

A. Select the most accurate translation of the italicized
   words or fill in the blank:

   1. *Bereitet dem Herrn den Weg und machet richtig
      seine Steige!* (v. 3)
      a. Prepare the way for the Lord and straighten his
         paths!
      b. Prepare the way for the Lord and straighten a
         path!
      c. Prepare ways for the Lord and straighten out
         a path!
      d. Prepare one way for the Lord and straighten
         the path!

   2. *... seine Speise aber war Heuschrecken und wilder
      Honig.* (v. 4)
      a. ... but his food was locust and wild honey.
      b. ... but his food was locusts and wild honey.
      c. ... but his food had been locust and wild honey.
      d. ... but his food had been locusts and wild honey.

   3. *... und bekannten ihre Sünden.* (v. 6)
      a. ... and confess their sins.
      b. ... and will confess their sins.
      c. ... and had confessed their sin.
      d. ... and confessed their sins.

   4. *Als er nun viele Pharisäer und Sadduzäer sah zu
      seiner Taufe kommen. ...* (v. 7)
      a. When he saw now many Pharisees and Sad-
         ducees come to his baptism. ...
      b. When he sees now a Pharisee and a Sadducee
         come to his baptism. ...
      c. When he had seen some Pharisees and Saddu-
         cees come to his baptism. ...
      d. When he sees now many Pharisees and Sad-
         ducees come to his baptism. ...

   5. Ihr Otterngezüchte, *wer hat denn euch gewiesen,*

daß ihr dem zukünftigen Zorn entrinnen werdet? (v. 7)
   a. ... who shows. . . ?
   b. ... who then shows you. . . ?
   c. ... who then has shown you. . . ?
   d. ... who then will show you. . . ?

6. *Denket nur nicht, daß ihr bei euch wollt sagen.* ... (v. 9)
   a. Do not think that you want to say to yourselves. . . .
   b. Do not think that you wanted to say to yourselves. . . .
   c. Do not think that you will say to them. . . .
   d. Do not think that you had to say to yourselves. . . .

7. *Gott vermag dem Abraham aus diesen Steinen Kinder zu erwecken.* (v. 9)
   a. God will make for Abraham children from these stones.
   b. God is able to raise for Abraham children from these stones.
   c. God will be able to raise for Abraham children from these stones.
   d. God would be able to raise for Abraham children from these stones.

8. *... der aber nach mir kommt.* ... (v. 11)
   a. ... but he comes after me. . . .
   b. ... but he will come after me. . . .
   c. ... but he who must come after me. . . .
   d. ... but he who is coming after me. . . .

9. ... *aber die Spreu wird er verbrennen mit ewigem Feuer.* (v. 12)
   a. ... but he will burn the chaff with everlasting fire.
   b. ... but he will burn the chaff with a great fire.
   c. ... but he consumes the chaff with fire.
   d. ... but he must consume the chaff with fire.

10. Und da Jesus ＿＿＿＿＿＿ war, stieg er alsbald herauf aus dem Wasser. (v. 16)
    a. gegangen
    b. gesprochen
    c. getauft
    d. gepredigt

B. Answer the following questions:
   1. Wo predigte Johannes?
   2. Wer soll Buße tun?
   3. Was für ein Kleid hatte Johannes?
   4. Was aß Johannes?
   5. Was sagte Johannes zu den Pharisäern und Sadduzäern?
   6. Was ist schon den Bäumen an die Wurzeln gelegt?
   7. Was wird abgehauen und ins Feuer geworfen?
   8. Womit tauft Johannes?
   9. Womit tauft Jesus?
   10. Was sagte eine Stimme vom Himmel herab?

2

Lukas 18, 18–43

der Oberste (-n) ruler   **Guter Meister** Good Master
das ewige Leben eternal life   **ererben** (h.) to inherit

heißen (h.) (ie, ei) to call
niemand no one   **einig** united   **Niemand ist gut denn der einige Gott** here,
   No one is good except God alone

5   **wohl** (unstressed) no doubt   **ehebrechen** (inf. only) to commit adultery

töten (h.) to kill, to murder   **stehlen** (h.) (a, o) to steal

falsch Zeugnis reden (h.) to bear false witness
ehren (h.) to honor

10   **halten** (h.) (ie, a) to keep   **von meiner Jugend auf** from my youth

fehlen (h.) to lack, to be lacking   **noch** still
verkaufen (h.) to sell   **alles** everything   **geben** (h.) (a, e) to give   **die Armen**
   (pl.) the poor
der Schatz (-̈e) treasure

nachfolgen (s.) to follow

15   **traurig** sad
reich rich

werden (s.) (u, o) to become
Wie schwer werden die Reichen in das Reich Gottes kommen! How hard it
   will be for the rich to enter the kingdom of God!

20   **leichter** easier   **das Kamel** (-e) camel   **das Nadelöhr** (-e) the eye of a needle

Wer kann denn selig werden? Then who can be saved?

unmöglich impossible
25   **möglich** possible

verlassen (h.) (ie, a) to leave

Wahrlich ich sage euch Truly I say to you

die Eltern (pl.) parents

30   **das Weib** (-er) wife   **das Reich Gottes** the kingdom of God

24

¹⁸Und es fragte ihn ein Oberster und sprach: Guter Meister, was muß ich tun, daß ich das ewige Leben ererbe?
¹⁹Jesus aber sprach zu ihm: Was heißest du mich gut?
Niemand ist gut denn der einige Gott.
²⁰Du weißt die Gebote wohl: „Du sollst nicht ehebrechen;   5
du sollst nicht töten; du sollst nicht stehlen; du sollst nicht
falsch Zeugnis reden; du sollst deinen Vater und deine
Mutter ehren."
²¹Er aber sprach: Das habe ich alles gehalten von meiner
Jugend auf.   10
²²Da Jesus das hörte, sprach er zu ihm: Es fehlt dir noch
eins. Verkaufe alles, was du hast, und gib's den Armen, so
wirst du einen Schatz im Himmel haben; und komm,
folge mir nach!
²³Da er aber das hörte, ward er traurig; denn er war sehr   15
reich.
²⁴Da aber Jesus sah, daß er traurig war geworden, sprach
er: Wie schwer werden die Reichen in das Reich Gottes
kommen!
²⁵Es ist leichter, daß ein Kamel gehe durch ein Nadelöhr,   20
denn daß ein Reicher in das Reich Gottes komme.
²⁶Da sprachen, die das hörten: Wer kann denn selig
werden?
²⁷Er aber sprach: Was bei den Menschen unmöglich ist,
das ist bei Gott möglich.   25
²⁸Da sprach Petrus: Siehe, wir haben alles verlassen und
sind dir nachgefolgt.
²⁹Er aber sprach zu ihnen: Wahrlich ich sage euch: Es ist
niemand, der ein Haus verläßt oder Eltern oder Brüder
oder Weib oder Kinder um des Reiches Gottes willen,   30

25

vielfältig manifold   **empfangen** (h.) (i, a) to receive   **die Zeit** (-en) time

zukünftig future   **in der zukünftigen Zeit** here, in the age to come

zu sich nehmen (h.) (a, o) here, to take aside

hinaufgehen (s.) (i, a) to go up   **gen Jerusalem** to Jerusalem

35   **vollenden** (h.) to accomplish, to complete
des Menschen Sohn the Son of man

überantworten (h.) to deliver up, to hand over   **der Heide** (-n) Gentile
verspotten (h.) to mock   **schmähen** (h.) to abuse   **verspeien** (h.) (ie, ie) to
spit upon

geißeln (h.) to scourge

40   **auferstehen** (s.) (a, a) to rise (from the dead)
verstehen (h.) (a, a) to understand   **die Rede** (-n) saying, words, speech

verbergen (h.) (a, o) to hide   **verborgen** (adj.) hidden

geschehen (s.) (a, e) to come to pass, to take place   **da er nahe an Jericho
kam** as he was approaching Jericho   **sitzen** (h. and s.) (a, e) to sit   **am
Wege sitzen** to sit by the road
der Blinde (-n) blind man   **betteln** (h.) to beg
45   **hindurchgehen** (s.) (i, a) to pass through   **forschen** (h.) to inquire

verkündigen (h.) to announce, to make known, to proclaim   **vorübergehen**
(s.) (i, a) to pass by
49   **rufen** (h.) (ie, u) to call, to cry (out)   **erbarme dich mein!** have mercy on me!

vornean gehen (s.) (i, a) to go at the front, to lead the way   **bedrohen** (h.) to
threaten
schweigen (h.) (ie, ie) to be silent   **schreien** (h.) (ie, ie) to cry, to shout

und hieß ihn zu sich führen here, and commanded (called) that he be led to
him
55   **bringen** (h.) (a, a) to bring

mögen (h.) (o, o) may

der Glaube faith
helfen (h.) (a, o) to help
60   **alsbald** immediately
preisen (h.) (ie, ie) to glorify   **loben** (h.) to praise

³⁰der es nicht vielfältig wieder empfange in dieser Zeit, und in der zukünftigen Zeit das ewige Leben.

³¹Er nahm aber zu sich die Zwölf und sprach zu ihnen: Sehet, wir gehen hinauf gen Jerusalem, und es wird alles vollendet werden, was geschrieben ist durch die Prophe- 35 ten von des Menschen Sohn.

³²Denn er wird überantwortet werden den Heiden; und er wird verspottet und geschmähet und verspeiet werden, ³³und sie werden ihn geißeln und töten; und am dritten Tage wird er wieder auferstehen. 40

³⁴Sie aber verstanden der keines, und die Rede war ihnen verborgen, und wußten nicht, was das Gesagte war.

³⁵Es geschah aber, da er nahe an Jericho kam, saß ein Blinder am Wege und bettelte.

³⁶Da er aber hörte das Volk, das hindurchging, forschte er, 45 was das wäre.

³⁷Da verkündigten sie ihm, Jesus von Nazareth ginge vorüber.

³⁸Und er rief und sprach: Jesu, du Sohn Davids, erbarme dich mein! 50

³⁹Die aber vornean gingen, bedrohten ihn, er sollte schweigen. Er aber schrie viel mehr: Du Sohn Davids, erbarme dich mein!

⁴⁰Jesus aber stand still und hieß ihn zu sich führen. Da sie ihn aber nahe zu ihm brachten, fragte er ihn 55 ⁴¹und sprach: Was willst du, daß ich dir tun soll? Er sprach: Herr, daß ich sehen möge.

⁴²Und Jesus sprach zu ihm: Sei sehend! dein Glaube hat dir geholfen.

⁴³Und alsbald ward er sehend und folgte ihm nach und 60 pries Gott. Und alles Volk, das solches sah, lobte Gott.

27

Exercises

A. Select the most accurate translation of the italicized words or fill in the blank:

1. *Was heißest du mich gut?* (v. 19)
   a. Why do you call me good?
   b. Why did you call me good?
   c. Why have you called me good?
   d. Why would you call me good?

2. *Es fehlt dir noch eins.* (v. 22)
   a. One thing you still lacked.
   b. One thing you lacked.
   c. One thing you lack.
   d. One thing you still lack.

3. ... *daß er traurig war geworden.* ... (v. 24)
   a. ... that he became sad. ...
   b. ... that he had become sad. ...
   c. ... that he is sad. ...
   d. ... that he was sad. ...

4. *Es ist leichter, daß ein Kamel gehe durch ein Nadel-öhr, denn daß ein Reicher in das Reich Gottes komme.* (v. 25)
   a. It is easier for a camel to go through the eye of a needle than for a rich man to enter the kingdom of God.
   b. It had to be easier for a camel to go through the eye of a needle than for rich men to enter the kingdom of God.
   c. It will be easier for a camel to go through the eye of a needle than for rich men to enter the kingdom of God.
   d. It would be easier for a camel to go through the eye of a needle than for the rich to enter the kingdom of God.

5. *Was bei den Menschen unmöglich ist, das ist bei Gott möglich.* (v. 27)

a. What is impossible with man, that is possible with God.

b. What has to be impossible with man, that is possible with God.

c. What is impossible with men, that is possible with God.

d. What has always been impossible with men, that is possible with God.

6. ... *um des Reiches Gottes willen.* ... (v. 29)

   a. ... for God's kingdom. ...

   b. ... for the kingdom. ...

   c. ... for the sake of the kingdom of God. ...

   d. ... for the sake of the kingdom. ...

7. ... *was geschrieben ist durch die Propheten von des Menschen Sohn.* (v. 31)

   a. ... what the prophets write about the Son of man.

   b. ... what is written by the prophets about the Son of man.

   c. ... what the prophet wrote about the Son of man.

   d. ... what had been written by the prophets about the Son of man.

8. ... *und die Rede war ihnen verborgen.* ... (v. 34)

   a. ... and the saying is hidden from them. ...

   b. ... and the saying will be hidden from you. ...

   c. ... and the saying was hidden from you. ...

   d. ... and the saying was hidden from them. ...

9. ... *was das wäre.* (v. 36)

   a. ... what it was.

   b. ... what it is.

   c. ... what it will be.

   d. ... what it could have been.

10. Du Sohn Davids, _____ dich mein! (v. 39)

   a. hilf

   b. heile

    c. erbarme
    d. erhöre

B. Answer the following questions:
1. Was wollte der Oberste von Jesus wissen?
2. Was hat der Oberste von seiner Jugend auf gehalten?
3. Was fehlt dem Obersten noch?
4. Warum ist der Oberste traurig?
5. Was ist sehr schwer?
6. Was sagte Petrus zu Jesus?
7. Was bekommen die Jünger Jesu?
8. Was wird mit Jesus in Jerusalem geschehen?
9. Warum verstanden die Jünger die Rede Jesu nicht?
10. Was hat dem Blinden geholfen?

3

Johannes 1, 1–18

From *Die Bibel in heutigem Deutsch/Die Gute Nachricht des Alten und Neuen Testaments mit den Spätschriften des Alten Testaments* (Stuttgart: Deutsche Bibelgesellschaft, 1982). Reprinted by permission.

der **Anfang** (¨e) beginning **am Anfang** in the beginning **schaffen** (h.) (u, a) to create **sein** (s.) (war, gewesen) to be **Er** He **der** (rel. pron.) who „**das Wort**" "the Word" **Gott** God **bei Gott** with God **in allem** in everything, in all **gleich** equal to, like
von Anfang an from the beginning
durch ihn through him **alles** everything, all **nichts** nothing **entstehen** (s.) (a, a) to originate, to begin

5 **ohne ihn** without him **In allem Geschaffenen** In everything (in all) that has been created **das Leben** (-) life
der **Mensch** (-en) man, human being **für die Menschen** for men **das Licht** (-er) light

strahlen (h.) to shine **die Finsternis** darkness
auslöschen (h.) to extinguish **können** (h.) (o, o) to be able to
der **Mann** (¨er) man **ein Mann** a man **senden** (h.) (a, a) to send **heißen** (h.) (ie, ei) to be called, to be named

10 **sollen** (h.) to have to, to be obliged to **hinweisen** (h.) (ie, ie) to point to **damit** so that
alle all **erkennen** (h.) (a, a) to perceive, to recognize **annehmen** (h.) (a, o) to accept
selbst himself

wahr true **kommen** (s.) (a, o) to come **die Welt** (-en) world
15 **geben** (h.) (a, e) to give
Die Welt war durch ihn geschaffen worden The world had been created through him **doch** yet, nevertheless
sie here refers to „die Welt"

Er kam in sein eigenes Land He came to (into) his own country **das Volk** (¨er) people **sein eigenes Volk** his own people
abweisen (h.) (ie, ie) to reject

20 **manche** (pl.) some, several, many **aber** but, however **aufnehmen** (h.) (a, o) to receive **und schenkten ihm ihr Vertrauen** and put their trust in him
das Recht right **Kinder Gottes** children of God
werden (s.) (u, o) to become
sie they **natürlich** natural **die Geburt** (-en) birth **weil** because

sondern but **neu** new
25 **das Leben** (-) life
ein wirklicher Mensch von Fleisch und Blut a real man of flesh and blood
Wohnung nehmen (h.) (a, o) to take (up) lodging, to live, to dwell **unter uns** among us

sehen (h.) (a, e) to see **die Macht** (¨e) power **die Hoheit** (-en) majesty; here, glory **göttlich** divine
einzig only **der Sohn** the Son
30 **ganz** full, whole **die Güte** (God's) grace, goodness **die Treue** faithfulness **ist uns in ihm begegnet** we have seen (or met) in him

32

¹Am Anfang, bevor die Welt geschaffen wurde, war Er, der „das Wort" ist. Er war bei Gott und in allem Gott gleich.
²Von Anfang an war er bei Gott.
³⁻⁴Durch ihn wurde alles geschaffen; nichts ist entstanden ohne ihn. In allem Geschaffenen war er das Leben, 5 und für die Menschen war er das Licht.
⁵Das Licht strahlt in der Finsternis, und die Finsternis hat es nicht auslöschen können.
⁶Ein Mann wurde von Gott gesandt, er hieß Johannes.
⁷Er sollte die Menschen auf das Licht hinweisen, damit 10 alle es erkennen und annehmen.
⁸Er selbst war nicht das Licht; er sollte nur auf das Licht hinweisen.
⁹Das wahre Licht ist Er, „das Wort". Er kam in die Welt und war in der Welt, um allen Menschen Licht zu geben. 15
¹⁰Die Welt war durch ihn geschaffen worden, und doch erkannte sie ihn nicht.
¹¹Er kam in sein eigenes Land, doch sein eigenes Volk wies ihn ab.
¹²Manche aber nahmen ihn auf und schenkten ihm ihr 20 Vertrauen. Ihnen gab er das Recht, Kinder Gottes zu werden.
¹³Das wurden sie nicht durch natürliche Geburt oder weil Menschen es so wollten, sondern weil Gott ihnen ein neues Leben gab. 25
¹⁴Er, „das Wort", wurde ein Mensch, ein wirklicher Mensch von Fleisch und Blut, und nahm Wohnung unter uns. Wir sahen seine Macht und Hoheit, die göttliche Hoheit des einzigen Sohnes, die ihm der Vater gegeben hat. Gottes ganze Güte and Treue ist uns in ihm begegnet. 30

33

auftreten (s.) (a, e) to appear   **der Zeuge** (-n) witness   **für ihn** for him   **rufen**
(h.) (ie, u) to cry out, to call
von dem of whom   **nach mir** after me   **einer, der über mir steht** one who
is superior to me (or greater than I am)
denn bevor ich geboren wurde for before I was born   **schon** already
da there

35   **der Reichtum** (˙er) wealth, abundance, riches (pl.)   **einen beschenken** to give
someone presents or gifts   **Aus seinem Reichtum hat er uns beschenkt** He
gave us (gifts) from his abundance
einen mit etwas überschütten (h.) to shower, overwhelm, or cover someone
with something (e.g., presents)
durch through   **Mose** Moses   **das Gesetz** (-e) law

kein no   **jemals** ever   **nur** only
40   **ganz eng** very closely, very intimately   **der ganz eng mit dem Vater verbunden ist** who is united very closely with the Father

zeigen (h.) to show   **wer** who

¹⁵Johannes trat als Zeuge für ihn auf und rief: ,,Das ist der, von dem ich sagte: ‚Nach mir kommt einer, der über mir steht; denn bevor ich geboren wurde, war er schon da.‘ "

¹⁶Aus seinem Reichtum hat er uns beschenkt; er hat uns alle mit Güte überschüttet. 35

¹⁷Durch Mose gab Gott uns das Gesetz, in Jesus Christus aber ist uns seine ganze Güte und Treue begegnet.

¹⁸Kein Mensch hat Gott jemals gesehen. Nur der einzige Sohn, der ganz eng mit dem Vater verbunden ist, hat uns gezeigt, wer Gott ist. 40

Exercises

A. Select the most accurate translation of the italicized words or fill in the blank:

1. Am Anfang, *bevor die Welt geschaffen wurde,* war Er, der „das Wort" ist. (v. 1)
   a. . . . when the world had been created. . . .
   b. . . . before the world had been created. . . .
   c. . . . when the world was created. . . .
   d. . . . before the world was created. . . .

2. Er war bei Gott *und in allem Gott gleich.* (v. 1)
   a. . . . and in everything equal to God.
   b. . . . and with everything similar to God.
   c. . . . and in all things similar to God.
   d. . . . and with all things equal to God.

3. . . . nichts *ist entstanden* ohne ihn. (v. 3)
   a. . . . originates. . . .
   b. . . . originated. . . .
   c. . . . had originated. . . .
   d. . . . will originate. . . .

4. . . . und die Finsternis *hat es nicht auslöschen können.* (v. 5)
   a. . . . cannot extinguish it.
   b. . . . will extinguish it.
   c. . . . could not extinguish it.
   d. . . . could extinguish it.

5. *Ihnen gab er das Recht,* Kinder Gottes zu werden. (v. 12)
   a. He gives them the right. . . .
   b. He gave them the right. . . .
   c. He has given us the right. . . .
   d. He gave us the right. . . .

6. *Das wurden sie nicht durch natürliche Geburt.* . . . (v. 13)
   a. This they became through natural birth. . . .

b. This they do not become through natural birth....

c. This they did not become through natural birth....

d. This they do become through natural birth....

7. Wir sahen *seine Macht und Hoheit*. . . . (v. 14)

   a. . . . his rule and majesty. . . .

   b. . . . his power and glory. . . .

   c. . . . his love and grace. . . .

   d. . . . his greatness and power. . . .

8. Johannes trat *als Zeuge* für ihn auf. . . . (v. 15)

   a. . . . as an example. . . .

   b. . . . as a testimony. . . .

   c. . . . as a witness. . . .

   d. . . . as a prophet. . . .

9. „*Das ist der, von dem ich sagte.* . . .“ (v. 15)

   a. "That is the one of whom I said. . . ."

   b. "That is the one who said. . . ."

   c. "That is the one who is saying. . . ."

   d. "That is the one to whom I said. . . ."

10. Er hat uns alle mit Güte _____. (v. 16)

    a. beschenkt

    b. überschüttet

    c. begegnet

    d. entstanden

B. Answer the following questions:

1. Wer war bei Gott und in allem Gott gleich?

2. Was wurde durch ihn geschaffen?

3. Was war er in allem Geschaffenen?

4. Was war er für die Menschen?

5. Was hat die Finsternis nicht auslöschen können?

6. Welche Aufgabe hatte Johannes?

7. Wer wurde ein Kind Gottes?

8. Was gab Gott den Kindern Gottes?

9. Was hat uns Gott in seinem einzigen Sohn gezeigt?

10. Was hat uns der einzige Sohn gezeigt?

4

Apostelgeschichte 9, 1–25

From *Die Bibel nach der deutschen Übersetzung D. Martin Luthers* (Stuttgart: Deutsche Bibelgesellschaft, 1912). Reprinted by permission.

Selections from the Bible

schnauben (h.) to fume, to be mad   **mit Drohen und Morden** with threats and murder
wider against   **der Jünger** (-) disciple   **der Hohenpriester** (-) high priest
bitten um (h.) (a, e) to ask for   **der Brief** (-e) letter   **gen Damaskus an die Schulen** here, to the synagogues at Damascus   **auf daß, so er etliche dieses Weges fände** so that if he found some belonging to this Way
Männer und Weiber here, both men and women
5   **er sie gebunden führte gen Jerusalem** he might lead them bound to Jerusalem **auf dem Wege** on the way   **und nahe an Damaskus kam** and came close to Damascus

umleuchtete ihn flashed around him   **plötzlich** suddenly
fallen (s.) (ie, a) to fall   **auf die Erde** to the ground   **die Stimme** (-n) voice   **sprechen** (h.) (a, o) to say, to speak
9   **verfolgen** (h.) to persecute

schwer difficult
wider den Stachel zu lecken to kick against the goads

mit Zittern und Zagen with great trepidation
14   **aufstehen** (s.) (a, a) to get up

der Gefährte (-n) companion
erstarrt numb, paralyzed
niemand no one

20   **sich aufrichten** (h.) to arise   **von der Erde** from the ground

auftun (h.) (a, a) to open

bei der Hand nehmen to take by the hand

25   **mit Namen Ananias** named Ananias

im Gesicht in a vision

die Gasse (-n) (narrow) street
die da heißt ,,die gerade" which is called "Straight"

40

¹Saulus aber schnaubte noch mit Drohen und Morden wider die Jünger des Herrn und ging zum Hohenpriester ²und bat ihn um Briefe gen Damaskus an die Schulen, auf daß, so er etliche dieses Weges fände, Männer and Weiber, er sie gebunden führte gen Jerusalem.   5

³Und da er auf dem Wege war und nahe an Damaskus kam, umleuchtete ihn plötzlich ein Licht vom Himmel; ⁴und er fiel auf die Erde und hörte eine Stimme, die sprach zu ihm: Saul, Saul, was verfolgst du mich?

⁵Er aber sprach: Herr, wer bist du? Der Herr sprach: Ich   10
bin Jesus, den du verfolgst. Es wird dir schwer werden, wider den Stachel zu lecken.

⁶Und er sprach mit Zittern und Zagen: Herr, was willst du, daß ich tun soll? Der Herr sprach zu ihm: Stehe auf und gehe in die Stadt; da wird man dir sagen, was du tun   15
sollst.

⁷Die Männer aber, die seine Gefährten waren, standen und waren erstarrt; denn sie hörten die Stimme, und sahen niemand.

⁸Saulus aber richtete sich auf von der Erde; und als er   20
seine Augen auftat, sah er niemand. Sie nahmen ihn aber bei der Hand und führten ihn gen Damaskus;

⁹und er war drei Tage nicht sehend und aß nicht und trank nicht.

¹⁰Es war aber ein Jünger zu Damaskus mit Namen An-   25
anias; zu dem sprach der Herr im Gesicht: Ananias! Und er sprach: Hier bin ich, Herr.

¹¹Der Herr sprach zu ihm: Stehe auf und gehe in die Gasse, die da heißt „die gerade", und frage in dem Hause des

30   **fragen** (h.)   **nach einem** to ask for one
beten (h.) to pray

hineinkommen (s.) (a, o) to come in
wieder sehend werden to regain one's sight

36   **wieviel Übles** how much harm   **der Heilige** (-n) saint

allhier here   **die Macht** (⁻e) authority, power
39   **binden** (h.) (a, u) to bind   **die deinen Namen anrufen** who call on your name

ein auserwähltes Rüstzeug here, a chosen vessel   **tragen** (h.) (u, a) to bear,
to carry
vor den Heiden before the Gentiles   **vor den Königen** before the kings

44   **zeigen** (h.) to show   **leiden** (h.) (i, i) to suffer   **um meines Namens willen** for
my name's sake
hingehen (s.) (i, a) to go there   **und legte die Hände auf ihn** and laid his
hands on him

erscheinen (s.) (ie, ie) to appear   (**der dir erschienen ist auf dem Wege, da
du her kamst**) (who appeared to you on the road by which you came)
50   **erfüllen mit** (h.) to fill with

alsobald immediately   **die Schuppe** (-n) scale
ward (poetic simple past of **werden**)

aufstehen (s.) (a, a) to arise, to get up, to rise   **ließ sich taufen und nahm
Speise zu sich** was baptized and took food
54   **sich stärken** (h.) to refresh oneself   **eine Zeitlang** for some time, for a while

alsbald immediately
derselbe the same

sich entsetzen (h.) to be shocked, to be appalled, to be upset
verstören (h.) to distract, to distress   **die diesen Namen anrufen** who call
upon this name

42

Judas nach einem namens Saul von Tarsus; denn siehe, 30
er betet—
¹²und hat gesehen im Gesicht einen Mann mit Namen
Ananias zu ihm hineinkommen und die Hand auf ihn legen, daß er wieder sehend werde.

¹³Ananias aber antwortete: Herr, ich habe von vielen ge- 35
hört von diesem Manne, wieviel Übles er deinen Heiligen
getan hat zu Jerusalem;
¹⁴und er hat allhier Macht von den Hohenpriestern, zu
binden alle, die deinen Namen anrufen.

¹⁵Der Herr sprach zu ihm: Gehe hin; denn dieser ist mir 40
ein auserwähltes Rüstzeug, daß er meinen Namen trage
vor den Heiden und vor den Königen und vor den Kindern
von Israel.

¹⁶Ich will ihm zeigen, wieviel er leiden muß um meines
Namens willen. 45

¹⁷Und Ananias ging hin und kam in das Haus und legte
die Hände auf ihn und sprach: Lieber Bruder Saul, der
Herr hat mich gesandt (der dir erschienen ist auf dem
Wege, da du her kamst), daß du wieder sehend und mit
dem heiligen Geist erfüllt werdest. 50

¹⁸Und alsobald fiel es von seinen Augen wie Schuppen,
und er ward wieder sehend

¹⁹und stand auf, ließ sich taufen und nahm Speise zu sich
und stärkte sich. Saulus war aber eine Zeitlang bei den
Jüngern zu Damaskus. 55

²⁰Und alsbald predigte er Christum in den Schulen, daß
derselbe Gottes Sohn sei.

²¹Sie entsetzten sich aber alle, die es hörten, und sprachen:
Ist das nicht, der zu Jerusalem verstörte alle, die diesen

43

60   **herkommen** (s.) (a, o) to come here   **gebunden** bound

kräftiger stronger   **einen in die Enge treiben** (h.) (ie, ie) to corner someone, to drive someone into a corner
bewähren (h.) to prove

65   **(über etwas) einen Rat halten** (h.) (ie, a) to deliberate or confer (about something)

kundtun (h.) (a, a) to make known   **einem nachstellen** (h.) to lie in wait for someone
hüten (h.) to watch (over), to guard   **das Tor** (-e) gate

70   **und taten ihn durch die Mauer** and put him through the wall
hinablassen (h.) (ie, a) to let down   **der Korb** (-e) basket

Namen anrufen, und darum hergekommen, daß er sie ge- 60
bunden führe zu den Hohenpriestern? 22Saulus aber ward immer kräftiger und trieb die Juden
in die Enge, die zu Damaskus wohnten, und bewährte es,
daß dieser ist der Christus.
23Und nach vielen Tagen hielten die Juden einen Rat zu- 65
sammen, daß sie ihn töteten.
24Aber es war Saulus kundgetan, daß sie ihm nachstellten.
Sie hüteten aber Tag und Nacht an den Toren, daß sie ihn
töteten.
25Da nahmen ihn die Jünger bei der Nacht und taten ihn 70
durch die Mauer und ließen ihn in einem Korbe hinab.

Exercises

A. Select the most accurate translation of the italicized words or fill in the blank:

1. *Saulus aber schnaubte noch mit Drohen und Morden wider die Jünger des Herrn.* (v. 1)
   a. But Saul was still fuming with threats and murder against the disciples of the Lord.
   b. But Saul had still threatened the disciples of the Lord.
   c. But Saul was fuming with threats against the disciples.
   d. But Saul is fuming with threats and murder against the disciples.

2. *Saul, Saul, was verfolgst du mich?* (v. 4)
   a. Saul, Saul, do you persecute me?
   b. Saul, Saul, will you persecute me?
   c. Saul, Saul, why are you persecuting me?
   d. Saul, Saul, why have you persecuted me?

3. *Es wird dir schwer werden, wider den Stachel zu lecken.* (v. 5)
   a. It will be difficult to kick against the goads.
   b. It is difficult to kick against the goads.
   c. It could be difficult for you to kick against the goads.
   d. It will be difficult for you to kick against the goads.

4. *Die Männer aber, die seine Gefährten waren, standen und waren erstarrt.* (v. 7)
   a. But the man who was his companion stood and was numb.
   b. But the men who were his companions stood and were numb.
   c. But his companions had been standing and were numb.
   d. But his companion had been standing and was numb.

5. ... *und frage* in dem Hause des Judas *nach einem namens Saul von Tarsus.* (v. 11)
   a. ... and ask for one named Saul of Tarsus.
   b. ... and ask in the house of Judas for one called Saul of Tarsus.
   c. ... and ask for Saul of Tarsus.
   d. ... and ask for one in the house of Judas.

6. ... *daß er wieder sehend werde.* (v. 12)
   a. ... so that he may regain his sight.
   b. ... so that one could see again.
   c. ... so that he will see again.
   d. ... so that one must regain one's sight.

7. ... *wieviel Übles er deinen Heiligen getan hat zu Jerusalem.* (v. 13)
   a. ... how much harm he did to your saint at Jerusalem.
   b. ... how much harm he does to your saint at Jerusalem.
   c. ... how much harm he will do against your saint at Jerusalem.
   d. ... how much harm he has done to your saints at Jerusalem.

8. *Und alsobald fiel es von seinen Augen wie Schuppen.* ... (v. 18)
   a. And it was coming off like scales. ...
   b. And immediately it had come off like scales. ...
   c. And immediately it fell from his eyes like scales. ...
   d. And it had fallen from his eye like scales. ...

9. ... *daß dieser ist der Christus.* (v. 22)
   a. ... that it is Christ.
   b. ... that this one is the Christ.
   c. ... that it was Christ.
   d. ... that this one was the Christ.

47

10. Saulus aber ward immer _____ und trieb
die Juden in die Enge. (v. 22)
a. schwächer
b. furchtsamer
c. kräftiger
d. kleiner

B. Answer the following questions:

1. Warum ging Saulus zum Hohenpriester?
2. Was sagte Jesus zu Saulus auf dem Wege nach Damaskus?
3. Warum waren Saulus Gefährten erstarrt?
4. Was geschah, als sich Saulus von der Erde aufrichtete?
5. Warum wollte Ananias nicht gern zu Saulus gehen?
6. Welche Aufgabe hat der Herr für Saulus?
7. Was sagte Ananias zu Saulus?
8. Was machte Saulus, nachdem er wieder sehend geworden war?
9. Wo blieb Saulus eine Zeitlang?
10. Wen predigte Saulus in den Schulen?

5

Römer 5, 1–21

From *Die Bibel nach der Übersetzung Martin Luthers* (Stuttgart: Deutsche Bibelgesellschaft, 1985). Reprinted by permission.

49

Selections from the Bible

gerecht just, justified, righteous **gerecht werden** to be justified **durch** through, by **der Glauben** faith, belief
der Frieden peace

der Zugang (=e) access
5   **die Gnade** (-n) grace, favor **stehen** (h.) (a, a) to stand **sich rühmen** (h.) to boast of (with gen.) **die Hoffnung** hope
zukünftig future **die Herrlichkeit** magnificence, splendor, glory **geben** (h.) (a, e) to give
Nicht allein aber das But not only that **sondern . . . auch** but also
die Bedrängnis (-se) affliction, distress, trouble, plight **die Geduld** patience

10   **die Bewährung** here, experience, character (lit., verification)
lassen (h.) (ie, a) to allow, to let, to permit **zuschanden werden** to come to naught, to be frustrated, to be ruined, to be dashed
ausgießen (h.) (o, o) to pour out **das Herz** (-en) heart

schwach weak, feeble
15   **der Gottlose** (-n) godless person **für uns Gottlose** for us godless persons, for us the ungodly **sterben** (s.) (a, o) to die
kaum scarcely, hardly **jemand** somebody, someone **der Gerechte** (-n) just, righteous
wagen (h.) (o, o) to dare, to risk

erweisen (h.) (ie, ie) to prove, to show **darin** in that

20   **einen bewahren vor** (dat.) to save, protect, or keep someone from
der Zorn anger **nachdem** after, when

versöhnen (h.) to reconcile
der Tod death **der Feind** (-e) enemy, foe

25   **selig werden** to be saved, to find salvation

die Versöhnung reconciliation **empfangen** (h.) (i, a) to receive
30   **deshalb** therefore, for that reason

50

¹Da wir nun gerecht geworden sind durch den Glauben, haben wir Frieden mit Gott durch unsern Herrn Jesus Christus;

²durch ihn haben wir auch den Zugang im Glauben zu dieser Gnade, in der wir stehen, und rühmen uns der Hoffnung der zukünftigen Herrlichkeit, die Gott geben wird. 5

³Nicht allein aber das, sondern wir rühmen uns auch der Bedrängnisse, weil wir wissen, daß Bedrängnis Geduld bringt,

⁴Geduld aber Bewährung, Bewährung aber Hoffnung, 10

⁵Hoffnung aber läßt nicht zuschanden werden; denn die Liebe Gottes ist ausgegossen in unsre Herzen durch den heiligen Geist, der uns gegeben ist.

⁶Denn Christus ist schon zu der Zeit, als wir noch schwach waren, für uns Gottlose gestorben. 15

⁷Nun stirbt kaum jemand um eines Gerechten willen; um des Guten willen wagt er vielleicht sein Leben.

⁸Gott aber erweist seine Liebe zu uns darin, daß Christus für uns gestorben ist, als wir noch Sünder waren.

⁹Um wieviel mehr werden wir nun durch ihn bewahrt 20 werden vor dem Zorn, nachdem wir jetzt durch sein Blut gerecht geworden sind!

¹⁰Denn wenn wir mit Gott versöhnt worden sind durch den Tod seines Sohnes, als wir noch Feinde waren, um wieviel mehr werden wir selig werden durch sein Leben, 25 nachdem wir nun versöhnt sind.

¹¹Nicht allein aber das, sondern wir rühmen uns auch Gottes durch unsern Herrn Jesus Christus, durch den wir jetzt die Versöhnung empfangen haben.

¹²Deshalb, wie durch einen Menschen die Sünde in die 30

32 **durchdringen** (s.) (a, u) to get through, to penetrate
sündigen (h.) to sin
wohl surely, to be sure **ehe** before

anrechnen (h.) to charge, to take into account
dennoch nevertheless, yet, still **herrschen** (h.) to rule, to govern

39 **die Übertretung** (-en) transgression, trespass **dessen** of the one

sich verhalten (h.) (ie, a) to be **die Gabe** (-n) gift, present **Aber nicht verhält
sich's mit der Gabe wie mit der Sünde** But the gift is not like the trespass
die Vielen (pl.) the many

44 **überreich** in abundance **einem zuteil werden** to fall to someone's share or
lot

das Urteil (-e) judgment
von dem Einen her upon the one man **die Verdammnis** damnation **führen**
(h.) to lead, to guide
die Gerechtigkeit justice, righteousness
50 **wegen** because of, on account of

die Fülle fullness, plenty, abundance

57 **die Rechtfertigung** justification, vindication

59 **der Ungehorsam** disobedience

der Gehorsam obedience

52

Welt gekommen ist und der Tod durch die Sünde, so ist
der Tod zu allen Menschen durchgedrungen, weil sie alle
gesündigt haben.
[13]Denn die Sünde war wohl in der Welt, ehe das Gesetz
kam; aber wo kein Gesetz ist, da wird Sünde nicht 35
angerechnet.
[14]Dennoch herrschte der Tod von Adam an bis Mose auch
über die, die nicht gesündigt hatten durch die gleiche
Übertretung wie Adam, welcher ist ein Bild dessen, der
kommen sollte. 40
[15]Aber nicht verhält sich's mit der Gabe wie mit der Sünde.
Denn wenn durch die Sünden des Einen die Vielen gestorben sind, um wieviel mehr ist Gottes Gnade und Gabe
den Vielen überreich zuteil geworden durch die Gnade
des einen Menschen Jesus Christus. 45
[16]Und nicht verhält es sich mit der Gabe wie mit dem,
was durch den einen Sünder geschehen ist. Denn das Urteil hat von dem Einen her zur Verdammnis geführt, die
Gnade aber hilft aus vielen Sünden zur Gerechtigkeit.
[17]Denn wenn wegen der Sünde des Einen der Tod ge- 50
herrscht hat durch den Einen, um wieviel mehr werden
die, welche die Fülle der Gnade und der Gabe der Gerechtigkeit empfangen, herrschen im Leben durch den
Einen, Jesus Christus.
[18]Wie nun durch die Sünde des Einen die Verdammnis 55
über alle Menschen gekommen ist, so ist auch durch die
Gerechtigkeit des Einen für alle Menschen die Rechtfertigung gekommen, die zum Leben führt.
[19]Denn wie durch den Ungehorsam des einen Menschen
die Vielen zu Sündern geworden sind, so werden auch 60
durch den Gehorsam des Einen die Vielen zu Gerechten.

53

dazwischen between (them), in between
in, to enter, to get in

hineinkommen (s.) (a, o) to come

mächtig powerful

[20]Das Gesetz aber ist dazwischen hineingekommen, damit die Sünde mächtiger würde. Wo aber die Sünde mächtig geworden ist, da ist doch die Gnade noch viel mächtiger geworden,

65

[21]damit, wie die Sünde geherrscht hat zum Tode, so auch die Gnade herrsche durch die Gerechtigkeit zum ewigen Leben durch Jesus Christus, unsern Herrn.

Exercises

A. Select the most accurate translation of the italicized words or fill in the blank:

1. *Da wir nun gerecht geworden sind durch den Glauben....* (v. 1)
   a. Since we have been justified by faith now....
   b. Since we are now justified by faith....
   c. In being justified by faith....
   d. Since we had been justified by faith now....

2. Nicht allein aber das, *sondern wir rühmen uns auch der Bedrängnisse....* (v. 3)
   a. ... but we must also boast of our afflictions....
   b. ... but we had to boast of our problems....
   c. ... but we boast also of our afflictions....
   d. ... but we shall boast also of our afflictions....

3. *Hoffnung aber läßt nicht zuschanden werden.* ...
   (v. 5)
   a. But hope was not frustrated....
   b. But hope will never be frustrated....
   c. But hope cannot be frustrated....
   d. But hope had never been frustrated....

4. ... *um des Guten willen* wagt er vielleicht sein Leben. (v. 7)
   a. ... for the sake of a good man....
   b. ... for the sake of noble men....
   c. ... for the sake of good men....
   d. ... for the sake of a noble man....

5. ... *nachdem wir jetzt durch sein Blut gerecht geworden sind!* (v. 9)
   a. ... after we are justified now by his blood!
   b. ... after justification by his blood!
   c. ... after we have been justified now by his blood!
   d. ... after we had been justified now by his blood!

6. ... *um wieviel mehr....* (v. 10)
   a. ... much more....

b. ... always. ...
c. ... more and more. ...
d. ... how much more. ...

7. ... *ehe das Gesetz kam.* (v. 13)
   a. ... before the law comes.
   b. ... before the commandments had come.
   c. ... before the law came.
   d. ... after the commandments came.

8. Denn wenn *durch die Sünden des Einen*.... (v. 15)
   a. ... by the transgressions of the one man. ...
   b. ... by the sin of many. ...
   c. ... by the sins of some. ...
   d. ... by the transgressions of the one. ...

9. ... *damit die Sünde mächtiger würde.* (v. 20)
   a. ... so that sinning increases.
   b. ... so that sins become powerful.
   c. ... so that sin had become more powerful.
   d. ... so that sin would become more powerful.

10. ... so auch die Gnade herrsche _____ zum
    ewiges Leben durch Jesus Christus, unsern Herrn.
    (v. 21)
    a. durch das Gesetz
    b. durch die Gerechtigkeit
    c. durch das Beispiel
    d. durch das Urteil

B. Answer the following questions:
   1. Durch wen haben wir Frieden mit Gott?
   2. Was bringt Bedrängnis?
   3. Was bringt Geduld?
   4. Wer ist für uns gestorben, als wir noch schwach
      waren?
   5. Wodurch sind wir gerecht geworden?
   6. Was haben wir durch Jesus Christus empfangen?
   7. Was ist durch einen Menschen in die Welt
      gekommen?

57

8. Wo wird die Sünde nicht angerechnet?
9. Wohin führt die Rechtfertigung?
10. Warum ist das Gesetz dazwischen hinein-
    gekommen?

6

2 Korinther 4, 1–18

From *Die Bibel nach der Übersetzung Martin Luthers* (Stuttgart: Deutsche Bibelgesellschaft, 1985). Reprinted by permission.

das Amt (̈-er) office, task; here, **geistliches Amt** ministry **die Barmherzigkeit** mercy
widerfahren (s.) (u, a) to happen (to someone) **müde werden** to get tired, to
grow weary
meiden (h.) (ie, ie) to avoid, to shun **schändlich** shameful, disgraceful **die
Heimlichkeit** secrecy
die List (-en) craft(iness) **und gehen nicht mit List um** and do not use crafti-
ness **fälschen** (h.) to falsify
5 **die Offenbarung** manifestation, revelation **die Wahrheit** truth **sich empfehlen** (h.) (a, o) here, to commend oneself to
das Gewissen conscience
verdecken (h.) to hide, to conceal, to veil **denen** (dem. pron.) here, from
those (who)
verlieren (h.) (o, o) to lose **die verloren werden** who will be lost
der Ungläubige (-n) unbeliever **der Sinn** (-e) mind
10 **verblenden** (h.) to blind **hell** bright

die Herrlichkeit glory
das Ebenbild image

predigen (h.) to preach **Denn wir predigen nicht uns selbst** For we do not
preach ourselves
14 **der Knecht** (-e) servant **um Jesu willen** for Jesus' sake

die Finsternis darkness **hervorleuchten** (h.) to shine forth
der Schein (-e) light

entstehen (s.) (a, a) to originate **die Erleuchtung** illumination
19 **die Erkenntnis** (-se) knowledge **das Angesicht** (-er) face

der Schatz (̈-e) treasure **irden** earthen **das Gefäß** (-e) vessel
überschwenglich effusive; here, surpassing or exceeding **die Kraft** (̈-e) power

die Seite (-n) side **bedrängen** (h.) to press hard **sich ängstigen** (h.) to be
afraid
25 **Uns ist bange** We are worried **verzagen** (s.) to despair
leiden (h.) (i, i) to suffer, to endure **Verfolgung leiden** to endure persecution
verlassen (h.) (ie, a) to forsake
unterdrücken (h.) to oppress **umkommen** (s.) (a, o) to perish
tragen (h.) (u, a) to carry **allezeit** always **das Sterben** dying, death **der
Leib** (-er) body
29 **offenbar werden** (s.) (u, o) to become apparent, to become manifest

60

¹Darum, weil wir dieses Amt haben nach der Barmherzigkeit, die uns widerfahren ist, werden wir nicht müde, ²sondern wir meiden schändliche Heimlichkeit und gehen nicht mit List um, fälschen auch nicht Gottes Wort, sondern durch Offenbarung der Wahrheit empfehlen wir uns 5 dem Gewissen aller Menschen vor Gott.

³Ist nun aber unser Evangelium verdeckt, so ist's denen verdeckt, die verloren werden, ⁴den Ungläubigen, denen der Gott dieser Welt den Sinn verblendet hat, daß sie nicht sehen das helle Licht des 10 Evangeliums von der Herrlichkeit Christi, welcher ist das Ebenbild Gottes.

⁵Denn wir predigen nicht uns selbst, sondern Jesus Christus, daß er der Herr ist, wir aber eure Knechte um Jesu willen. 15

⁶Denn Gott, der sprach: Licht soll aus der Finsternis hervorleuchten, der hat einen hellen Schein in unsre Herzen gegeben, daß durch uns entstünde die Erleuchtung zur Erkenntnis der Herrlichkeit Gottes in dem Angesicht Jesu Christi. 20

⁷Wir haben aber diesen Schatz in irdenen Gefäßen, damit die überschwengliche Kraft von Gott sei und nicht von uns.

⁸Wir sind von allen Seiten bedrängt, aber wir ängstigen uns nicht. Uns ist bange, aber wir verzagen nicht. 25

⁹Wir leiden Verfolgung, aber wir werden nicht verlassen. Wir werden unterdrückt, aber wir kommen nicht um.

¹⁰Wir tragen allezeit das Sterben Jesu an unserm Leibe, damit auch das Leben Jesu an unserm Leibe offenbar werde. 30

immerdar always   **in den Tod gegeben** here, delivered to death
sterblich mortal

34   **mächtig** powerful

denselben Geist des Glaubens the same spirit of faith   **wie geschrieben steht**
as it is written

reden (h.) to speak, to talk

40   **auferwecken** (h.) to raise (from the dead)
samt together   **und wird uns vor sich stellen samt euch** lit., and will place
us before himself together with you; here, and will present us together
with you
geschehen (s.) (a, e) to take place   **um euretwillen** for your sake   **die überschwengliche Gnade** exuberant grace
die Danksagung thanksgiving
44   **reicher** more abundant

unser äußerer Mensch our outward man
verfallen (s.) (ie, a) to be failing, to deteriorate
erneuern (h.) to renew
die Trübsal affliction   **zeitlich** temporal   **schaffen** (h.) (u, a) to produce, to
create
ewig eternal   **über alle Maßen** exceedingly, beyond all measure   **gewichtig**
important, significant, weighty, imposing
50   **das Sichtbare** the visible   **das Unsichtbare** the invisible   **uns, die wir nicht
sehen auf das Sichtbare, sondern auf das Unsichtbare** for us who do not
look at the visible but at the invisible
sichtbar visible
unsichtbar invisible

¹¹Denn wir, die wir leben, werden immerdar in den Tod gegeben um Jesu willen, damit auch das Leben Jesu offenbar werde an unserm sterblichen Fleisch.
¹²So ist nun der Tod mächtig in uns, aber das Leben in euch.

35

¹³Weil wir aber denselben Geist des Glaubens haben, wie geschrieben steht: „Ich glaube, darum rede ich", so glauben wir auch, darum reden wir auch;
¹⁴denn wir wissen, daß der, der den Herrn Jesus auferweckt hat, wird uns auch auferwecken mit Jesus und wird uns vor sich stellen samt euch.

40

¹⁵Denn es geschieht alles um euretwillen, damit die überschwengliche Gnade durch die Danksagung vieler noch reicher werde zur Ehre Gottes.

¹⁶Darum werden wir nicht müde; sondern wenn auch unser äußerer Mensch verfällt, so wird doch der innere von Tag zu Tag erneuert.

45

¹⁷Denn unsre Trübsal, die zeitlich und leicht ist, schafft eine ewige und über alle Maßen gewichtige Herrlichkeit,
¹⁸uns, die wir nicht sehen auf das Sichtbare, sondern auf das Unsichtbare. Denn was sichtbar ist, das ist zeitlich; was aber unsichtbar ist, das ist ewig.

50

Exercises

A. Select the most accurate translation of the italicized words or fill in the blank:

1. ... *sondern wir meiden schändliche Heimlichkeit.* ... (v. 2)
   a. ... but they avoid shame and secrecy. ...
   b. ... but we avoid secrecy. ...
   c. ... but they will avoid shame and secrecy. ...
   d. ... but we avoid shameful secrecy. ...

2. ... *den Ungläubigen, denen der Gott dieser Welt den Sinn verblendet hat.* ... (v. 4)
   a. ... the unbelievers whose mind the god of this world has blinded. ...
   b. ... the unbeliever whose mind the god of this world has blinded. ...
   c. ... the unbelievers whose mind the god of this world blinds. ...
   d. ... the unbeliever whose mind the god of this world will blind. ...

3. Denn Gott, der sprach: *Licht soll aus der Finsternis hervorleuchten.* ... (v. 6)
   a. Light had to shine forth from darkness. ...
   b. Light shall shine forth from darkness. ...
   c. Light shone forth from darkness. ...
   d. Light shines forth from darkness. ...

4. *Wir haben aber diesen Schatz in irdenen Gefäßen.* ... (v. 7)
   a. But we will have these treasures in earthen vessels. ...
   b. But we have these treasures in an earthen vessel. ...
   c. But we must have this treasure in an earthen vessel. ...
   d. But we have this treasure in earthen vessels. ...

5. *Wir werden unterdrückt, aber wir kommen nicht um.* (v. 9)
   a. We are oppressed, but we do not perish.
   b. We will be oppressed, and we will perish.
   c. We can be oppressed, but we do not perish.
   d. We might be oppressed, and we might perish.

6. *Wir tragen allezeit das Sterben Jesu an unserm Leibe. . . .* (v. 10)
   a. We carry often the dying of Jesus on our body. . . .
   b. We carry always the dying of Jesus in our body. . . .
   c. We must often carry the dying of Jesus on our body. . . .
   d. We always have to carry the dying of Jesus in our body. . . .

7. *Denn wir, die wir leben. . . .* (v. 11)
   a. For those who live. . . .
   b. For the one who lives. . . .
   c. For all who live. . . .
   d. For we who live. . . .

8. *. . . damit auch das Leben Jesu offenbar werde an unserm sterblichen Fleisch.* (v. 11)
   a. . . . so that the life of Jesus may be manifested in our mortal flesh.
   b. . . . so that the life of Jesus had to be manifested in our body.
   c. . . . so that the life of Jesus was manifested in our mortal flesh.
   d. . . . so that the life of Jesus will be manifested in our body.

9. ... *daß der, der den Herrn Jesus auferweckt hat*. ... (v. 14)
   a. ... that the one who will raise the Lord Jesus. ...
   b. ... that the one who raises the Lord Jesus. ...
   c. ... that the one who raised the Lord Jesus. ...
   d. ... that the one raising the Lord Jesus. ...

10. Denn unsre _____, die zeitlich und leicht ist, schafft eine ewige und über alle Maßen gewichtige Herrlichkeit. (v. 17)
   a. Danksagung
   b. Erneuerung
   c. Kraft
   d. Trübsal

B. Answer the following questions:
1. Warum werden wir nicht müde?
2. Was meiden wir?
3. Was sehen die Ungläubigen nicht?
4. Was predigen wir?
5. Was hat Gott in unsre Herzen gegeben?
6. Was wissen wir?
7. Warum geschieht alles um euretwillen?
8. Was wird von Tag zu Tag erneuert?
9. Was ist zeitlich?
10. Was ist ewig?

7

1 Johannes 2, 1–29

sündigen (h.) to sin   **jemand** anyone
der Fürsprecher advocate   **gerecht** righteous

die Versöhnung propitiation, reconciliation
5   **aber** but, however   **die ganze Welt** the whole world

merken (h.) to know, to perceive

Wer sagt He who says
10   **der Lügner** (-) liar   **die Wahrheit** truth

vollkommen perfect   **erkennen** (h.) (a, a) to know, to recognize

daß er in ihm bleibt that he abides in him

16   **Meine Lieben** Beloved
von Anfang an from the beginning

wahr true
20   **die Finsternis** darkness   **vergehen** (s.) (i, a) to pass away
jetzt now
hassen (h.) to hate   **der Bruder** (⁓) brother

24   **und durch ihn kommt niemand zu Fall** and no one comes to grief through him

wandeln (h. and s.) to walk, to go   **hingehen** (s.) (i, a) to go there
das Auge (-n) eye   **verblenden** (h.) to blind

30   **vergeben** (h.) (a, e) to forgive

68

[1]Meine Kinder, dies schreibe ich euch, damit ihr nicht sündigt. Und wenn jemand sündigt, so haben wir einen Fürsprecher bei dem Vater, Jesus Christus, der gerecht ist. [2]Und er ist die Versöhnung für unsre Sünden, nicht allein aber für die unseren, sondern auch für die der ganzen Welt. [3]Und daran merken wir, daß wir ihn kennen, wenn wir seine Gebote halten.

[4]Wer sagt: Ich kenne ihn, und hält seine Gebote nicht, der ist ein Lügner, und in dem ist die Wahrheit nicht. [5]Wer aber sein Wort hält, in dem ist wahrlich die Liebe Gottes vollkommen. Daran erkennen wir, daß wir in ihm sind. [6]Wer sagt, daß er in ihm bleibt, der soll auch leben, wie er gelebt hat.

[7]Meine Lieben, ich schreibe euch nicht ein neues Gebot, sondern das alte Gebot, das ihr von Anfang an gehabt habt. Das alte Gebot ist das Wort, das ihr gehört habt. [8]Und doch schreibe ich euch ein neues Gebot, das wahr ist in ihm und in euch; denn die Finsternis vergeht, und das wahre Licht scheint jetzt.

[9]Wer sagt, er sei im Licht, und haßt seinen Bruder, der ist noch in der Finsternis. [10]Wer seinen Bruder liebt, der bleibt im Licht, und durch ihn kommt niemand zu Fall. [11]Wer aber seinen Bruder haßt, der ist in der Finsternis und wandelt in der Finsternis und weiß nicht, wo er hingeht; denn die Finsternis hat seine Augen verblendet.

[12]Liebe Kinder, ich schreibe euch, daß euch die Sünden vergeben sind um seines Namens willen.

33   **der Böse** the wicked one   **überwinden** (h.) (a, u) to overcome

37   **stark** strong

      liebhaben (h.) (liebgehabt) to love

42   **die Lust** (-e) lust   **des Fleisches Lust** the lust of the flesh
      der Augen Lust the lust of the eyes   **hoffärtig** arrogant, haughty, vainglorious

47   **die letzte Stunde** the last hour
      der Antichrist the Antichrist

51   **ausgehen** (s.) (i, a) to go out

      bleiben (s.) (ie, ie) to stay   **offenbar werden** to become apparent, to become
      clear

55   **die Salbung** anointing
      das Wissen knowledge
      wissen (h.) (u, u) to know

      die Lüge (-n) lie
60   **leugnen** (h.) to deny

70

¹³Ich schreibe euch Vätern; denn ihr kennt den, der von Anfang an ist. Ich schreibe euch jungen Männern; denn ihr habt den Bösen überwunden.

¹⁴Ich habe euch Kindern geschrieben; denn ihr kennt den Vater. Ich habe euch Vätern geschrieben; denn ihr kennt den, der von Anfang an ist. Ich habe euch jungen Männern geschrieben; denn ihr seid stark, und das Wort Gottes bleibt in euch, und ihr habt den Bösen überwunden.

¹⁵Habt nicht lieb die Welt noch was in der Welt ist. Wenn jemand die Welt liebhat, in dem ist nicht die Liebe des Vaters.

¹⁶Denn alles, was in der Welt ist, des Fleisches Lust und der Augen Lust und hoffärtiges Leben, ist nicht vom Vater, sondern von der Welt.

¹⁷Und die Welt vergeht mit ihrer Lust; wer aber den Willen Gottes tut, der bleibt in Ewigkeit.

¹⁸Kinder, es ist die letzte Stunde! Und wie ihr gehört habt, daß der Antichrist kommt, so sind nun schon viele Antichristen gekommen; daran erkennen wir, daß es die letzte Stunde ist.

¹⁹Sie sind von uns ausgegangen, aber sie waren nicht von uns. Denn wenn sie von uns gewesen wären, so wären sie ja bei uns geblieben; aber es sollte offenbar werden, daß sie nicht alle von uns sind.

²⁰Doch ihr habt die Salbung von dem, der heilig ist, und habt alle das Wissen.

²¹Ich habe euch nicht geschrieben, als wüßtet ihr die Wahrheit nicht, sondern ihr wißt sie und wißt, daß keine Lüge aus der Wahrheit kommt.

²²Wer ist ein Lügner, wenn nicht der, der leugnet, daß

35

40

45

50

55

60

71

64   **bekennen** (h.) (a, a) to acknowledge

     die Verheißung promise   **verheißen** (h.) (ie, ei) to promise

71   **verführen** (h.) to seduce
     empfangen (h.) (i, a) to receive

     etwas nötig haben to need something   **lehren** (h.) to teach

     die Zuversicht confidence   **zuschanden werden** to be ruined, to be frustrated, to come to nothing

81   **geboren** born

Jesus der Christus ist? Das ist der Antichrist, der den Vater und den Sohn leugnet.

²³Wer den Sohn leugnet, der hat auch den Vater nicht; wer den Sohn bekennt, der hat auch den Vater.

²⁴Was ihr gehört habt von Anfang an, das bleibe in euch. Wenn in euch bleibt, was ihr von Anfang an gehört habt, so werdet ihr auch im Sohn und im Vater bleiben.

²⁵Und das ist die Verheißung, die er uns verheißen hat: das ewige Leben.

²⁶Dies habe ich euch geschrieben von denen, die euch verführen.

²⁷Und die Salbung, die ihr von ihm empfangen habt, bleibt in euch, und ihr habt nicht nötig, daß euch jemand lehrt; sondern, wie euch seine Salbung alles lehrt, so ist's wahr und ist keine Lüge, und wie sie euch gelehrt hat, so bleibt in ihm.

²⁸Und nun, Kinder, bleibt in ihm, damit wir, wenn er offenbar wird, Zuversicht haben und nicht zuschanden werden vor ihm, wenn er kommt.

²⁹Wenn ihr wißt, daß er gerecht ist, so erkennt ihr auch, daß, wer recht tut, der ist von ihm geboren.

Exercises

A. Select the most accurate translation of the italicized words or fill in the blank:

1. Und er ist die Versöhnung für unsre Sünden, *nicht allein aber für die unseren, sondern auch für die der ganzen Welt.* (v. 2)

   a. . . . not only for ours, however, but also for those of the whole world.

   b. . . . for theirs and the world.

   c. . . . for our sins and those of the world.

   d. . . . not only for theirs, however, but those of the whole world as well.

2. Wer aber sein Wort hält, *in dem ist wahrlich die Liebe Gottes vollkommen.* (v. 5)

   a. . . . will have the love of God in a perfect way.

   b. . . . in them is the love of God truly perfect.

   c. . . . shows the love of God in a perfect way.

   d. . . . in him is the love of God truly perfect.

3. *Das alte Gebot ist das Wort, das ihr gehört habt.* (v. 7)

   a. The old commandments are the words that you heard.

   b. The old commandment is the word that you heard.

   c. The old commandment was the word that you heard.

   d. The old commandment can only be the word that you heard.

4. *. . . und weiß nicht, wo er hingeht.* (v. 11)

   a. . . . and will not know where he will be going.

   b. . . . and will know where he will be going.

   c. . . . and does not know where he is going.

   d. . . . and know where he is going.

5. Ich schreibe euch jungen Männern; *denn ihr habt den Bösen überwunden.* (v. 13)
   a. . . . for you overcome the wicked one.
   b. . . . for you have overcome the wicked one.
   c. . . . for you will overcome the wicked one.
   d. . . . for you had overcome the wicked one.

6. . . . *des Fleisches Lust und der Augen Lust und hoffärtiges Leben.* . . . (v. 16)
   a. . . . the lust of the eyes and the lust of the flesh and arrogant life. . . .
   b. . . . arrogant life and the lust of the eyes and the lust of the flesh. . . .
   c. . . . the lust of the flesh and the lust of the eye and arrogant life. . . .
   d. . . . the lust of the flesh and the lust of the eyes and arrogant life. . . .

7. *Sie sind von uns ausgegangen.* . . . (v. 19)
   a. They have to go out from us. . . .
   b. They went out from us. . . .
   c. They are going out from us. . . .
   d. They will go out from us. . . .

8. . . . *so wären sie ja bei uns geblieben.* . . . (v. 19)
   a. . . . then they would stay with us indeed. . . .
   b. . . . then they will stay with them. . . .
   c. . . . then they would have stayed with us indeed. . . .
   d. . . . then they would have stayed with them. . . .

9. . . . *als wüßtet ihr die Wahrheit nicht.* . . . (v. 21)
   a. . . . as if you did not know the truth. . . .
   b. . . . as if you do not know the truth. . . .
   c. . . . as if you had not known the truth. . . .
   d. . . . as if you knew the truth. . . .

10. Und _____, die ihr von ihm empfangen habt, bleibt in euch, und ihr habt nicht nötig, daß euch jemand lehrt. (v. 27)
   a. das Leben
   b. das Gebot
   c. das Wort
   d. die Salbung

B. Answer the following questions:
   1. Warum hat Johannes diesen Brief geschrieben?
   2. Wer ist ein Lügner?
   3. Wie erkennen wir, daß wir in ihm sind?
   4. Wer ist noch in der Finsternis?
   5. Warum schrieb Johannes den Vätern?
   6. Warum schrieb Johannes den jungen Männern?
   7. Warum schrieb Johannes den Kindern?
   8. In wem ist nicht die Liebe des Vaters?
   9. Wer leugnet, daß Jesus der Christus ist?
   10. Was hat uns Jesus verheißen?

8

1 Mose 1, 1–31

From *Die Bibel nach der Übersetzung Martin Luthers* (Stuttgart: Deutsche Bibelgesellschaft, 1985). Reprinted by permission.

Selections from the Bible

der Anfang (–e) beginning **am Anfang** in the beginning **schaffen** (h.) (u, a) to create **der Himmel** (-) heaven
wüst waste, desolate **leer** empty, vacant **finster** dark
die Tiefe depth **der Geist** spirit **schweben** (h.) to hover **das Wasser** water
sprechen (h.) (a, o) to say, to speak **werden** (s.) (u, o) (**ward** archaic imperfect) to become, to get, to come into existence **Es werde Licht!** Let there be light! **Und es ward Licht.** And there was light.
sehen (h.) (a, e) to see **scheiden** (s.) (ie, ie) to separate, to divide
6 **die Finsternis** darkness
nennen (h.) (a, a) to call, to name **der Tag** (-e) day **die Nacht** (–e) night **Da ward aus Abend und Morgen der erste Tag** here, And the evening and the morning were the first day
die Feste (-n) firmament **zwischen** between
10 **scheiden** (s.) (ie, ie) to divide, to separate **die da scheide zwischen den Wassern** which shall divide (between) the waters
machen (h.) to make
geschehen (s.) (a, e) to take place, to happen, to occur **Und es geschah so** here, And it was so

15 **der zweite Tag** the second day
sich sammeln (h.) to gather, to collect
besonder special **der Ort** (-e) place **das Trockene** dry land

die Sammlung gathering, collection
20 **das Meer** (-e) sea
lassen (h.) (ie, a) to let, to cause **aufgehen** (s.) (i, a) to rise, to come up **das Gras** (–er) grass **das Kraut** (–er) herb

der Same (-n) seed **bringen** (h.) (a, a) to bring; here, to yield **fruchtbar** fruitful, fertile **der Baum** (–e) tree
23 **die Art** (-en) kind, sort **die Frucht** (–e) fruit **ein jeder nach seiner Art** each one according to its kind **tragen** (h.) (u, a) to bear

der dritte Tag the third day
30 **das Licht** (-er) light

78

¹Am Anfang schuf Gott Himmel und Erde.

²Und die Erde war wüst und leer, und es war finster auf der Tiefe; und der Geist Gottes schwebte auf dem Wasser.

³Und Gott sprach: Es werde Licht! Und es ward Licht.

⁴Und Gott sah, daß das Licht gut war. Da schied Gott das 5 Licht von der Finsternis

⁵und nannte das Licht Tag und die Finsternis Nacht. Da ward aus Abend und Morgen der erste Tag.

⁶Und Gott sprach: Es werde eine Feste zwischen den Wassern, die da scheide zwischen den Wassern. 10

⁷Da machte Gott die Feste und schied das Wasser unter der Feste von dem Wasser über der Feste. Und es geschah so.

⁸Und Gott nannte die Feste Himmel. Da ward aus Abend und Morgen der zweite Tag. 15

⁹Und Gott sprach: Es sammle sich das Wasser unter dem Himmel an besondere Orte, daß man das Trockene sehe. Und es geschah so.

¹⁰Und Gott nannte das Trockene Erde, und die Sammlung der Wasser nannte er Meer. Und Gott sah, daß es gut war. 20

¹¹Und Gott sprach: Es lasse die Erde aufgehen Gras und Kraut, das Samen bringe, und fruchtbare Bäume, auf Erden, die ein jeder nach seiner Art Früchte tragen, in denen ihr Same ist. Und es geschah so.

¹²Und die Erde ließ aufgehen Gras und Kraut, das Samen 25 bringt, ein jedes nach seiner Art, und Bäume, die da Früchte tragen, in denen ihr Same ist, ein jeder nach seiner Art. Und Gott sah, daß es gut war.

¹³Da ward aus Abend und Morgen der dritte Tag.

¹⁴Und Gott sprach: Es werden Lichter an der Feste des 30

geben (h.) (a, e) to give
das Zeichen (-) sign   **die Zeit** (-en) season   **der Tag** (-e) day   **das Jahr** (-e)
  year
und seien Lichter and let there be lights
scheinen (h.) (ie, ie) to shine

35   **groß** great, big
regieren (h.) to rule   **klein** small
dazu in addition   **der Stern** (-e) star

38   **setzen** (h.) to set, to place

der vierte Tag the fourth day
wimmeln von (h.) to swarm with, to be alive with, to teem with   **lebendig**
  living, alive, lively
44   **das Getier** animals (pl.)   **der Vogel** (⸚) bird   **fliegen** (h. and s.) (o, o) to fly

schaffen (h.) (u, a) to create   **der Walfisch** (-e) whale   **alles Getier** all animals
leben (h.) to live   **weben** (h.) here, to move   **davon** here, with which

gefiedert feathered

50   **segnen** (h.) to bless
sich mehren (h.) to multiply   **erfüllen** (h.) to fill   **und die Vögel sollen sich**
  mehren auf Erden and the birds shall multiply on earth

der fünfte Tag the fifth day
hervorbringen (h.) (a, a) to bring forth

55   **das Vieh** cattle   **das Gewürm** creeping things, worms, reptiles   **das Tier**
  (-e) animal, beast

der Erdboden earth

Himmels, die da scheiden Tag und Nacht und geben
Zeichen, Zeiten, Tage und Jahre
¹⁵und seien Lichter an der Feste des Himmels, daß sie
scheinen auf die Erde. Und es geschah so.
¹⁶Und Gott machte zwei große Lichter: ein großes Licht, 35
das den Tag regiere, und ein kleines Licht, das die Nacht
regiere, dazu auch die Sterne.
¹⁷Und Gott setzte sie an die Feste des Himmels, daß sie
schienen auf die Erde
¹⁸und den Tag und die Nacht regierten und schieden Licht 40
und Finsternis. Und Gott sah, daß es gut war.
¹⁹Da ward aus Abend und Morgen der vierte Tag.
²⁰Und Gott sprach: Es wimmle das Wasser von lebendigem Getier, und Vögel sollen fliegen auf Erden unter der
Feste des Himmels. 45
²¹Und Gott schuf große Walfische und alles Getier, das da
lebt und webt, davon das Wasser wimmelt, ein jedes nach
seiner Art, und alle gefiederten Vögel, einen jeden nach
seiner Art. Und Gott sah, daß es gut war.
²²Und Gott segnete sie und sprach: Seid fruchtbar und 50
mehret euch und erfüllet das Wasser im Meer; und die
Vögel sollen sich mehren auf Erden.
²³Da ward aus Abend und Morgen der fünfte Tag.
²⁴Und Gott sprach: Die Erde bringe hervor lebendiges
Getier, ein jedes nach seiner Art: Vieh, Gewürm und Tiere 55
des Feldes, ein jedes nach seiner Art. Und es geschah so.
²⁵Und Gott machte die Tiere des Feldes, ein jedes nach
seiner Art, und das Vieh nach seiner Art, und alles Gewürm des Erdbodens nach seiner Art. Und Gott sah, daß
es gut war. 60

das Bild (-er) image **ein Bild, das uns gleich sei** an image that is like us
herrschen (h.) to rule **der Fisch** (-e) fish
das Meer (-e) sea

65 **kriechen** (s.) to creep, to crawl

das Weib (-er) woman
segnen (h.) to bless
füllen (h.) to fill
70 **sich untertan machen** (h.) to subdue

geben (h.) (a, e) to give
75 **die Pflanze** (-n) plant **auf der ganzen Erde** on the whole earth
die Frucht (-̈e) fruit
die Speise (-n) food

leben (h.) to live
80 **grün** green **das Kraut** (-̈er) herb **alles grüne Kraut** every green herb **die Nahrung** food

84 **der sechste Tag** the sixth day

²⁶Und Gott sprach: Lasset uns Menschen machen, ein Bild, das uns gleich sei, die da herrschen über die Fische im Meer und über die Vögel unter dem Himmel und über das Vieh und über alle Tiere des Feldes und über alles Gewürm, das auf Erden kriecht. 65

²⁷Und Gott schuf den Menschen zu seinem Bilde, zum Bilde Gottes schuf er ihn; und schuf sie als Mann und Weib.

²⁸Und Gott segnete sie und sprach zu ihnen: Seid fruchtbar und mehret euch und füllet die Erde und machet sie 70 euch untertan und herrschet über die Fische im Meer und über die Vögel unter dem Himmel und über das Vieh und über alles Getier, das auf Erden kriecht.

²⁹Und Gott sprach: Sehet da, ich habe euch gegeben alle Pflanzen, die Samen bringen, auf der ganzen Erde, und 75 alle Bäume mit Früchten, die Samen bringen, zu eurer Speise.

³⁰Aber allen Tieren auf Erden und allen Vögeln unter dem Himmel und allem Gewürm, das auf Erden lebt, habe ich alles grüne Kraut zur Nahrung gegeben. Und es geschah 80 so.

³¹Und Gott sah an alles, was er gemacht hatte, und siehe, es war sehr gut. Da ward aus Abend und Morgen der sechste Tag.

Exercises

A. Select the most accurate translation of the italicized words or fill in the blank:

1. . . . *und der Geist Gottes schwebte auf dem Wasser.* (v. 2)
   a. . . . and the Spirit of God was hovering over the water.
   b. . . . and God's Spirit hovers over the waters.
   c. . . . and the Spirit of God will hover over the waters.
   d. . . . and God's Spirit had hovered over the water.

2. Da machte Gott die Feste *und schied das Wasser unter der Feste von dem Wasser über der Feste.* (v. 7)
   a. . . . and divided the water above the firmament from the water below the firmament.
   b. . . . and had divided the waters above the firmament from the waters below the firmament.
   c. . . . and divided the water below the firmament from the water above the firmament.
   d. . . . and had been dividing the waters below the firmament from the waters above the firmament.

3. *Es lasse die Erde aufgehen Gras und Kraut, das Samen bringe.* . . . (v. 11)
   a. Let the earth bring forth grass and herbs that yield seed. . . .
   b. May the earth raise herbs with seed. . . .
   c. Let the earth raise herbs and grass with seed. . . .
   d. Let the earth bring forth herb and grass that yielded seed. . . .

4. . . . und Bäume, *die da Früchte tragen.* . . . (v. 12)
   a. . . . which bear fruits there. . . .
   b. . . . which bears fruit then. . . .
   c. . . . which was bearing fruit there. . . .
   d. . . . which were bearing fruits then. . . .

5. ... und ein kleines Licht, *das die Nacht regiere,*
dazu auch die Sterne. (v. 16)
   a. ... that must govern the night, in addition, also
   a star.
   b. ... that governs the night, also the stars.
   c. ... that could govern the night, also the stars.
   d. ... that governs the night, in addition, also the
   stars.

6. *Es wimmle das Wasser von lebendigem Getier.* ...
(v. 20)
   a. Let the water teem with living animals. ...
   b. The waters teemed with living animals. ...
   c. The water will teem with living animals. ...
   d. May the waters teem with living things. ...

7. ... *und alle gefiederten Vögel.* ... (v. 21)
   a. ... and many feathered birds. ...
   b. ... and some feathered birds. ...
   c. ... and numerous feathered birds. ...
   d. ... and all feathered birds. ...

8. ... *Vieh, Gewürm und Tiere des Feldes.* ... (v. 24)
   a. ... creeping things, cattle, and animals of the
   fields. ...
   b. ... cattle, animals, and creeping things of the
   field. ...
   c. ... cattle, creeping things, and animals of the
   field. ...
   d. ... animals, cattle, and creeping things of the
   fields. ...

9. *Und Gott schuf den Menschen zu seinem Bil-*
de. ... (v. 27)
   a. And God creates man in his image. ...
   b. And God created man in his image. ...
   c. And God created men in his image. ...
   d. And God creates men in his image. ...

10. Seid _____ und mehret euch. (v. 22)
    a. klug
    b. stark
    c. gut
    d. fruchtbar

B. Answer the following questions:
    1. Was schuf Gott am Anfang?
    2. Was schied Gott von der Finsternis?
    3. Was schuf Gott am zweiten Tag?
    4. Wie nannte Gott die Sammlung der Wasser?
    5. Was schuf Gott am dritten Tag?
    6. Welche Funktion hatten die zwei großen Lichter?
    7. Was schuf Gott am fünften Tag?
    8. Über was soll der Mensch herrschen?
    9. Womit soll sich der Mensch ernähren?
    10. Wie hatte Gott alles gemacht?

9

1 Mose 3, 1–24

From *Die Bibel nach der deutschen Übersetzung D. Martin Luthers* (Stuttgart: Deutsche Bibelgesellschaft, 1912). Reprinted by permission.

Selections from the Bible

die **Schlange** (-n) serpent   **listig** crafty, cunning   das **Tier** (-e) (wild) animal,
  beast
das **Feld** (-er) field
das **Weib** (-er) woman   **sollte Gott gesagt haben** did God really say   **Ihr sollt
  nicht essen von allerlei Bäumen im Garten** You shall not eat of all the sorts
  (or kinds) of trees [i.e., of every tree] in the garden   der **Baum** (⁀e) tree

6   die **Frucht** (⁀e) fruit

mitten im Garten in the middle of the garden
esset nicht davon do not eat of it   **rühret's auch nicht an** neither touch it

sterben (s.) (a, o) to die
10 **mitnichten** (archaic) not at all, by no means, in no way

welches Tages ihr davon esset (on) the day you eat of it
auftun (h.) (a, a) to open   **und werdet sein wie Gott** and you will be like God

böse evil

15 **anschauen** (h.) to look at   **Und das Weib schaute an** And (when) the woman
  saw (or contemplated)
lieblich pleasant   **ein lustiger Baum** here, desirable (lit., amusing)
klug machen to make one wise   **nehmen** (h.) (a, o) to take
essen (h.) (a, e) to eat   **und gab ihrem Mann auch davon** and gave her husband also of it
ihrer beiden Augen the eyes of both of them   **auftun** (h.) (a, a) to open
20 **gewahr werden** to become aware of, to realize   **nackt** naked   **und flochten
  Feigenblätter zusammen** and they bound (sewed) fig leaves together
der **Schurz** (⁀e) apron
die **Stimme Gottes des HERRN** the voice of the Lord God
da der Tag kühl geworden war in the cool of the day (lit., when the day had
  become cool)   **sich verstecken** (h.) to hide (from)

das **Weib** (-er) wife   das **Angesicht** face, countenance

26 **rufen** (h.) (ie, u) to call   **und sprach zu ihm** and said to him

29 **sich fürchten** (h.) to be afraid

88

¹Und die Schlange war listiger denn alle Tiere auf dem Felde, die Gott der HERR gemacht hatte, und sprach zu dem Weibe: Ja, sollte Gott gesagt haben: Ihr sollt nicht essen von allerlei Bäumen im Garten?

²Da sprach das Weib zu der Schlange: Wir essen von den 5 Früchten der Bäume im Garten;

³aber von den Früchten des Baumes mitten im Garten hat Gott gesagt: Esset nicht davon, rühret's auch nicht an, daß ihr nicht sterbet.

⁴Da sprach die Schlange zum Weibe: Ihr werdet mit- 10 nichten des Todes sterben;

⁵sondern Gott weiß, daß, welches Tages ihr davon esset, so werden eure Augen aufgetan, und werdet sein wie Gott und wissen, was gut und böse ist.

⁶Und das Weib schaute an, daß von dem Baum gut zu essen 15 wäre und daß er lieblich anzusehen und ein lustiger Baum wäre, weil er klug machte; und sie nahm von der Frucht und aß und gab ihrem Mann auch davon, und er aß.

⁷Da wurden ihrer beiden Augen aufgetan, und sie wurden gewahr, daß sie nackt waren, und flochten Feigenblätter 20 zusammen und machten sich Schürze.

⁸Und sie hörten die Stimme Gottes des HERRN, der im Garten ging, da der Tag kühl geworden war. Und Adam versteckte sich mit seinem Weibe vor dem Angesicht Gottes des HERRN unter die Bäume im Garten. 25

⁹Und Gott der HERR rief Adam und sprach zu ihm: Wo bist du?

¹⁰Und er sprach: Ich hörte deine Stimme im Garten und fürchtete mich; denn ich bin nackt, darum versteckte ich mich. 30

einem etwas gebieten (h.) (o, o) to command someone to do something

34   **das du mir zugesellt hast** whom you gave me as a companion

tun (h.) (a, a) to do **betrügen** (¹   , o) to deceive

40   **solch** such, like this, like that **verflucht sein** to be cursed **vor allem Vieh** above all cattle
    vor allen Tieren above all beasts **der Bauch** (-̈e) belly **Auf deinem Bauche sollst du gehen** You shall crawl on your belly
    dein Leben lang all the days of your life
    die Feindschaft enmity **Und ich will Feindschaft setzen** And I will put enmity **zwischen** between
    der Samen (-) seed
45   **derselbe** here, he **der Kopf** (-̈e) head **zertreten** (h.) (a, e) to crush
    stechen (h.) (a, o) to bite; here, to strike **die Ferse** (-n) heel

    der Schmerz (-en) pain, sorrow **schaffen** (h.) (u, a) here, to give **schwanger werden** to become pregnant **Ich will dir viel Schmerzen schaffen, wenn du schwanger wirst** here, I will give you a lot of pain in childbearing
49   **Kinder gebären** to give birth to children **das Verlangen** desire

    dieweil because **gehorchen** (h.) to obey **du hast gehorcht der Stimme deines Weibes** you have obeyed (heeded) the voice of your wife
    davon ich dir gebot concerning which I commanded you
55   **verflucht** cursed **der Acker** (-̈) soil, field, land **um deinetwillen** for your sake
    mit Kummer sollst du dich darauf nähren in sorrow you shall earn your living (lit., feed yourself) from it

    der Dorn (-en) thorn **die Distel** (-n) thistle **tragen** (h.) (u, a) to produce
    das Kraut herb, plant **das Feld** (-er) field

    Im Schweiße deines Angesichts In the sweat of your face
59   **bis daß du wieder zur Erde werdest** until you become dust (lit., earth) again

¹¹Und er sprach: Wer hat dir's gesagt, daß du nackt bist? Hast du nicht gegessen von dem Baum, davon ich dir gebot, du solltest nicht davon essen?

¹²Da sprach Adam: Das Weib, das du mir zugesellt hast, gab mir von dem Baum, und ich aß. 35

¹³Da sprach Gott der HERR zum Weibe: Warum hast du das getan? Das Weib sprach: Die Schlange betrog mich also, daß ich aß.

¹⁴Da sprach Gott der HERR zu der Schlange: Weil du solches getan hast, seist du verflucht vor allem Vieh und 40 vor allen Tieren auf dem Felde. Auf deinem Bauche sollst du gehen und Erde essen dein Leben lang.

¹⁵Und ich will Feindschaft setzen zwischen dir und dem Weibe und zwischen deinem Samen und ihrem Samen. Derselbe soll dir den Kopf zertreten, und du wirst ihn in 45 die Ferse stechen.

¹⁶Und zum Weibe sprach er: Ich will dir viel Schmerzen schaffen, wenn du schwanger wirst; du sollst mit Schmerzen Kinder gebären; und dein Verlangen soll nach deinem Manne sein, und er soll dein Herr sein. 50

¹⁷Und zu Adam sprach er: Dieweil du hast gehorcht der Stimme deines Weibes und gegessen von dem Baum, davon ich dir gebot und sprach: Du sollst nicht davon essen,—verflucht sei der Acker um deinetwillen, mit Kummer sollst du dich darauf nähren dein Leben lang. 55

¹⁸Dornen und Disteln soll er dir tragen, und sollst das Kraut auf dem Felde essen.

¹⁹Im Schweiße deines Angesichts sollst du dein Brot essen, bis daß du wieder zur Erde werdest, davon du genommen bist. Denn du bist Erde und sollst zu Erde werden. 60

eine Mutter . . . aller Lebendigen a mother of all living

der Rock (-e) coat   Röcke von Fellen coats of skin   kleiden (h.) to clothe

66   wie unsereiner like one of us   gut und böse good and evil

ausstrecken (h.) to stretch (out)   seine Hand ausstrecken here, to reach out
his hand   brechen (h.) (a, o) to pick
ewiglich forever
ausweisen (h.) (ie, ie) to send out, to banish   aus dem Garten Eden from the
Garden of Eden
70   das Feld bauen to till the ground
austreiben (h.) (ie, ie) to drive out, to expel   lagern (h.) to place
der Cherub (-im) cherub   bloß bare   hauend striking   mit dem bloßen,
hauenden Schwert with the bare (and) striking sword   bewahren (h.) to
guard
der Weg (-e) way

²⁰Und Adam hieß sein Weib Eva, darum daß sie eine Mutter ist aller Lebendigen.

²¹Und Gott der HERR machte Adam und seinem Weibe Röcke von Fellen und kleidete sie.

²²Und Gott der HERR sprach: Siehe, Adam ist geworden 65
wie unsereiner und weiß, was gut und böse ist. Nun aber, daß er nicht ausstrecke seine Hand und breche auch von dem Baum des Lebens und esse und lebe ewiglich!

²³Da wies ihn Gott der HERR aus dem Garten Eden, daß er das Feld baute, davon er genommen ist, 70

²⁴und trieb Adam aus und lagerte vor den Garten Eden die Cherubim mit dem bloßen, hauenden Schwert, zu bewahren den Weg zu dem Baum des Lebens.

Exercises

A. Select the most accurate translation of the italicized words or fill in the blank:

1. Und die Schlange *war listiger denn alle Tiere auf dem Felde*. . . . (v. 1)
   a. . . . is smarter than all the beasts of the field. . . .
   b. . . . was more crafty than the beasts of the field. . . .
   c. . . . was more crafty than all the beasts of the field. . . .
   d. . . . had been smarter than any beast of the field. . . .

2. Wir essen *von den Früchten der Bäume im Garten*. (v. 2)
   a. . . . the fruit of the tree near the garden.
   b. . . . of the fruits of the tree near the garden.
   c. . . . the fruit of the trees in the garden.
   d. . . . of the fruits of the trees in the garden.

3. *Ihr werdet mitnichten des Todes sterben.* (v. 4)
   a. You will not surely die.
   b. You cannot surely die.
   c. You must surely die.
   d. You will surely die.

4. . . . *daß er lieblich anzusehen* und ein lustiger Baum *wäre*. . . . (v. 6)
   a. . . . that it was pleasant to the eyes. . . .
   b. . . . that it is pleasant to the eye. . . .
   c. . . . that it must be pleasant to the eyes. . . .
   d. . . . that it could have been pleasant to the eye. . . .

5. *Da wurden ihrer beiden Augen aufgetan.* . . . (v. 7)
   a. Then both of their eyes are opened. . . .
   b. Then the eyes of both of them had been opened. . . .
   c. Then the eyes of both of them were opened. . . .
   d. Then both eyes were opened. . . .

6. Und sie hörten *die Stimme Gottes des HERRN.* ...
   (v. 8)
   a. ... God's voice. ...
   b. ... the Lord's voice. ...
   c. ... the voice of the Lord God. ...
   d. ... a voice of the Lord. ...

7. ... *vor dem Angesicht Gottes des HERRN.* ... (v. 8)
   a. ... from the countenance of the Lord. ...
   b. ... from the countenance of the Lord God. ...
   c. ... from God's countenance. ...
   d. ... from the Lord's countenance. ...

8. *Ich* ... *fürchtete mich.* ... (v. 10)
   a. I ... shall be afraid. ...
   b. I ... had been afraid. ...
   c. I ... must be afraid. ...
   d. I ... was afraid. ...

9. ... *zwischen deinem Samen und ihrem Sa-*
   men. ... (v. 15)
   a. ... between your seed and her seed. ...
   b. ... between the two of you. ...
   c. ... between her seed and your seed. ...
   d. ... concerning her seed and your seed. ...

10. Im Schweiße deines Angesichts sollst du
    _____ essen. (v. 19)
    a. deine Speise
    b. dein Essen
    c. dein Brot
    d. deine Nahrung

B. Answer the following questions:
   1. Was dürfen Adam und Eva nicht essen?
   2. Wie scheint ihr der Baum?
   3. Warum wurden ihrer beiden Augen aufgetan?
   4. Warum flochten sie Feigenblätter zusammen?
   5. Warum versteckten sie sich, als sie die Stimme
      Gottes hörten?

6. Warum hat Eva von der Frucht des Baumes gegessen?
7. Was sagte Gott zur Schlange?
8. Was sagte Gott zu Eva?
9. Was sagte Gott zu Adam?
10. Was mußten sie jetzt verlassen?

10
Psalm 90, 1–17

From *Die Bibel nach der Übersetzung Martin Luthers* (Stuttgart: Deutsche Bibelgesellschaft, 1985). Reprinted by permission.

Selections from the Bible

das Gebet (-e) prayer   des Mannes Gottes the man of God
die Zuflucht (-en) refuge   für und für forever
ehe denn before   (denn is not translated here)   der Berg (-e) mountain   werden (s.) (u, o) here, to come into existence   schaffen (h.) (u, a) to
create   und die Erde und die Welt geschaffen wurden and the earth and
the world were created
5   die Ewigkeit eternity   von Ewigkeit zu Ewigkeit from everlasting to
everlasting
lassen (h.) (ie, a) to permit, to let, to cause   sterben (s.) (a, o) to die   sprechen
(h.) (a, o) to speak   wiederkommen (s.) (a, o) to come back, to return
die Menschenkinder (pl.) children of men

tausend thousand   das Jahr (-e) year   wie like   gestern yesterday
vergehen (s.) (i, a) to pass (by or away)   die Nachtwache vigil, night watch

10   dahinfahren (s.) (u, a) to sweep by, to rush by   der Strom (̈e) stream, flood
der Schlaf sleep   am Morgen in the morning   sprossen (h. and s.) to sprout

blühen (h.) to bloom, to flourish   welken (s.) to fade   verdorren (s.) to wither,
to parch
der Zorn wrath
der Grimm anger   plötzlich suddenly   dahin müssen (h.) here, to pass away

15   die Missetat (-en) wrongdoing, misdeed   stellen (h.) to place   stellst du vor
dich you place before you   unerkannt unrecognized
die Sünde (-n) sin   das Licht (-er) light   das Angesicht (-er) face, countenance
darum therefore   durch through
zubringen (h.) (a, a) to spend   das Geschwätz idle talk

währen (h.) to last   siebzig seventy   wenn if   wenn's hoch kommt at the
most
20   achtzig eighty   daran in it   köstlich delightful
doch nevertheless   vergeblich futile, useless, wasted   die Mühe (-n) effort
schnell quickly   davonfliegen (s.) (o, o) to fly away   als flögen wir davon as
if we would fly away

wer who   glauben (h.) to believe   aber however   zürnen (h.) to be angry   so
sehr so much, to such a degree   sich fürchten vor (dat.) (h.) to be afraid
of
25   lehren (h.) to teach   bedenken (h.) (a, a) to bear in mind   Lehre uns bedenken Teach us to bear in mind   sterben (s.) (a, o) to die
klug wise

kehren (h.) to turn   endlich at last, finally   wieder again
der Knecht (-e) servant   gnädig gracious, merciful
füllen (h.) to fill   früh early   die Gnade (-n) grace, mercy   rühmen (h.) to
praise, to extol   so here, then   so wollen wir rühmen then we want to
praise (you)
30   fröhlich happy   unser Leben lang all our life

¹Ein Gebet des Mose, des Mannes Gottes.
HERR, du bist unsre Zuflucht für und für.
²Ehe denn die Berge wurden und die Erde und die Welt geschaffen wurden, bist du, Gott, von Ewigkeit zu Ewigkeit.   5
³Der du die Menschen lässest sterben und sprichst: Kommt wieder, Menschenkinder!
⁴Denn tausend Jahre sind vor dir wie der Tag, der gestern vergangen ist, und wie eine Nachtwache.
⁵Du lässest sie dahinfahren wie einen Strom; sie sind wie   10
ein Schlaf, wie ein Gras, das am Morgen noch sproßt,
⁶das am Morgen blüht und des Abends welkt und verdorrt.
⁷Das macht dein Zorn, daß wir so vergehen, und dein Grimm, daß wir so plötzlich dahin müssen.
⁸Denn unsre Missetaten stellst du vor dich, unsre un-   15
erkannte Sünde ins Licht vor deinem Angesicht.
⁹Darum fahren alle unsre Tage dahin durch deinen Zorn; wir bringen unsre Jahre zu wie ein Geschwätz.
¹⁰Unser Leben währet siebzig Jahre, und wenn's hoch kommt, so sind's achtzig Jahre, und was daran köstlich   20
scheint, ist doch nur vergebliche Mühe; denn es fähret schnell dahin, als flögen wir davon.
¹¹Wer glaubt's aber, daß du so sehr zürnest, und wer fürchtet sich vor dir in deinem Grimm?
¹²Lehre uns bedenken, daß wir sterben müssen, auf daß   25
wir klug werden.
¹³HERR, kehre dich doch endlich wieder zu uns und sei deinen Knechten gnädig!
¹⁴Fülle uns frühe mit deiner Gnade, so wollen wir rühmen und fröhlich sein unser Leben lang.   30

erfreuen (h.) to delight, to please, to cheer   **nun** now   **nachdem** after   **plagen** (h.) to torment
das Unglück misfortune, calamity   **leiden** (h.) (i, i) to suffer, to be afflicted (with)
zeigen (h.) to show   **die Herrlichkeit** glory

freundlich kind   **fördern** (h.) to promote, to further, to support
35   **die Hand** (¨e) hand   **und fördere das Werk unsrer Hände bei uns** and promote (for us) the work of our hands

73661

[15]Erfreue uns nun wieder, nachdem du uns so lange plagest, nachdem wir so lange Unglück leiden.

[16]Zeige deinen Knechten deine Werke und deine Herrlichkeit ihren Kindern.

[17]Und der HERR, unser Gott, sei uns freundlich und fördere 35
das Werk unsrer Hände bei uns. Ja, das Werk unsrer Hände wollest du fördern!

Exercises

A. Select the most accurate translation of the italicized words or fill in the blank:

1. *Ehe denn die Berge wurden.* . . . (v. 2)
   a. Before the mountains came into existence. . . .
   b. After the mountains became. . . .
   c. Before the mountains will come into existence. . . .
   d. After the mountains had come into existence. . . .

2. *Denn tausend Jahre sind vor dir wie der Tag,* der gestern vergangen ist. . . . (v. 4)
   a. Because a thousand years were before you like the day. . . .
   b. Then thousands of years are before you like days. . . .
   c. For a thousand years are before you like the day. . . .
   d. Namely, thousands of years must be before you like days. . . .

3. . . . *wie ein Gras, das am Morgen noch sproßt.* . . . (v. 5)
   a. . . . like grass that has sprouted still in the morning. . . .
   b. . . . like a grass that is still sprouting in the morning. . . .
   c. . . . like grass that would sprout the next day. . . .
   d. . . . like a grass that will sprout the next day. . . .

4. *Denn unsre Missetaten stellst du vor dich.* . . . (v. 8)
   a. For my misdeed you place before me. . . .
   b. For my misdeeds you place before me. . . .
   c. For our misdeeds you place before you. . . .
   d. For our misdeeds have been placed before you. . . .

5. . . . *wir bringen unsre Jahre zu wie ein Geschwätz.* (v. 9)
   a. . . . one will spend one's years too fast.

b. ... we spent many years too fast.

c. ... we have spent our years like an idle talk.

d. ... we spend our years like an idle talk.

6. ... was daran köstlich scheint, ist doch nur *vergebliche Mühe.* ... (v. 10)

   a. ... a wasted effort. ...

   b. ... a small effort. ...

   c. ... a heroic effort. ...

   d. ... a great effort. ...

7. ... *als flögen wir davon.* (v. 10)

   a. ... as if we fly.

   b. ... as if we fly away.

   c. ... as if we would fly away.

   d. ... as if we had flown.

8. Wer glaubt's aber, *daß du so sehr zürnest* ...? (v. 11)

   a. ... that you were angry to such a degree ...?

   b. ... that you are angry to such a degree ...?

   c. ... that you will be angry to such a degree ...?

   d. ... that you had been angry to such a degree ...?

9. *Fülle uns frühe mit deiner Gnade.* ... (v. 14)

   a. Fill us today with your grace. ...

   b. Fill me now with your grace. ...

   c. Fill them soon with your grace. ...

   d. Fill us early with your grace. ...

10. Und der HERR, unser Gott, _____ das Werk unsrer Hände. (v. 17)

   a. mache

   b. fördere

   c. gebe

   d. bringe

B. Answer the following questions:

1. Was ist Gott für uns?

2. Wie sind tausend Jahre vor Gott?

103

3. Wer ist vor Gott wie ein Gras?
4. Was stellt Gott vor sich?
5. Wie lange währet unser Leben?
6. Was ist das Leben für die Menschen?
7. Woran sollen wir denken?
8. Wie soll der Herr zu seinen Knechten sein?
9. Womit soll uns der Herr füllen?
10. Was soll der Herr fördern?

11

Psalm 103, 1–22

From *Die Bibel nach der Übersetzung Martin Luthers* (Stuttgart: Deutsche Bibelgesellschaft, 1985). Reprinted by permission.

loben (h.) to praise   **die Seele** (-n) soul
heilig holy

4   **vergessen** (h.) (a, e) to forget   **was er dir Gutes getan hat** the good things he
has done for you

die Sünde (-n) sin   **vergeben** (h.) (a, e) to forgive   **heilen** (h.) to heal
das Gebrechen disease

das Verderben destruction   **erlösen** (h.) to redeem, to save   **krönen** (h.) to
crown
die Gnade (-n) grace   **die Barmherzigkeit** mercy
10   **der Mund** (-er) mouth   **fröhlich** cheerful, happy   **fröhlich machen** to make
cheerful, to cheer   **wieder** again   **jung** young
werden (s.) (u, o) to become   **wie** like   **der Adler** eagle

schaffen (h.) (u, a) here, to bring   **die Gerechtigkeit** righteousness   **das Recht**
justice
leiden (h.) (i, i) to suffer   **allen, die Unrecht leiden** to all who suffer injustice
der Weg (-e) way   **wissen** (h.) (u, u) to know   **lassen** (h.) (ie, a) to let   **Er hat
seine Wege Mose wissen lassen** He let Moses know his ways
15   **das Tun** (pl.) acts

barmherzig merciful   **gnädig** gracious   **geduldig** patient
die Güte kindness, goodness

nicht immer not always   **hadern** (h.) to quarrel   **ewiglich** eternally   **zornig**
angry   **bleiben** (s.) (ie, ie) to remain
handeln mit (h.) to deal with   **einem etwas vergelten** (h.) (a, o) to repay
someone for something
20   **die Missetat** sin, iniquity

hoch high   **läßt er seine Gnade walten** he shows his mercy

fürchten (h.) to fear
fern far   **die Übertretung** (-en) transgression   **läßt er unsre Übertretungen
von uns sein** he removes our transgressions from us

25   **wie** as   **sich erbarmen über einen** (h.) to pity, to have compassion on someone

wissen (h.) (u, u) to know   **das Gebilde** creation, frame   **daran gedenken** (h.)
(a, a) to remember something, to think of something
der Staub dust

blühen (h.) here, to flourish
30   **die Blume** (-n) flower

106

¹Ein Psalm Davids.

Lobe den HERRN, meine Seele, und was in mir ist, seinen heiligen Namen!

²Lobe den HERRN, meine Seele, und vergiß nicht, was er dir Gutes getan hat: 5

³der dir alle deine Sünden vergibt und heilet alle deine Gebrechen,

⁴der dein Leben vom Verderben erlöst, der dich krönet mit Gnade und Barmherzigkeit,

⁵der deinen Mund fröhlich macht, und du wieder jung 10 wirst wie ein Adler.

⁶Der HERR schafft Gerechtigkeit und Recht allen, die Unrecht leiden.

⁷Er hat seine Wege Mose wissen lassen, die Kinder Israel sein Tun. 15

⁸Barmherzig und gnädig ist der HERR, geduldig und von großer Güte.

⁹Er wird nicht immer hadern noch ewiglich zornig bleiben.

¹⁰Er handelt nicht mit uns nach unsern Sünden und vergilt uns nicht nach unsrer Missetat. 20

¹¹Denn so hoch der Himmel über der Erde ist, läßt er seine Gnade walten über denen, die ihn fürchten.

¹²So fern der Morgen ist vom Abend, läßt er unsre Übertretungen von uns sein.

¹³Wie sich ein Vater über Kinder erbarmt, so erbarmt sich 25 der HERR über die, die ihn fürchten.

¹⁴Denn er weiß, was für ein Gebilde wir sind: er gedenkt daran, daß wir Staub sind.

¹⁵Ein Mensch ist in seinem Leben wie Gras, er blüht wie eine Blume auf dem Felde; 30

darüber gehen (s.) (i, a) here, to pass over it **nimmer** here, no longer
die Stätte (-n) place **kennen** (h.) (a, a) to know **nicht mehr** no more, no
  longer
während (h.) to last **die Ewigkeit** eternity **von Ewigkeit zu Ewigkeit** from
  everlasting to everlasting
über denen over those **die Gerechtigkeit** righteousness
35 **das Kindeskind** children's children

bei denen with those **der Bund** covenant **und gedenken an seine Gebote**
  and remember his commandments
danach accordingly **tun** (h.) (a, a) to act, to do

der Thron (-e) throne **errichten** (h.) to establish
herrschen (h.) to rule **über alles** over all

40 **der Engel** (-) angel **stark** strong **der Held** (-en) hero
der Befehl (-e) command, order **ausrichten** (h.) to execute **hören auf** (h.)
  to obey
die Stimme (-n) voice

die Heerschar (-en) host **der Diener** (-) servant
der Wille will

45 **das Werk** (-e) work **der Ort** (-e) place
die Herrschaft dominion **die Seele** (-n) soul

¹⁶wenn der Wind darüber geht, so ist sie nimmer da, und ihre Stätte kennt sie nicht mehr.

¹⁷Die Gnade aber des HERRN währt von Ewigkeit zu Ewigkeit über denen, die ihn fürchten, und seine Gerechtigkeit auf Kindeskind 35
¹⁸bei denen, die seinen Bund halten und gedenken an seine Gebote, daß sie danach tun.

¹⁹Der HERR hat seinen Thron im Himmel errichtet, und sein Reich herrscht über alles.

²⁰Lobet den HERRN, ihr seine Engel, ihr starken Helden, 40 die ihr seinen Befehl ausrichtet, daß man höre auf die Stimme seines Wortes!

²¹Lobet den HERRN, alle seine Heerscharen, seine Diener, die ihr seinen Willen tut!

²²Lobet den HERRN, alle seine Werke, an allen Orten seiner 45 Herrschaft! Lobe den HERRN, meine Seele!

Exercises

A. Select the most accurate translation of the italicized words or fill in the blank:

1. *... der dir alle deine Sünden vergibt....* (v. 3)
   a. ... who forgives you all your sins....
   b. ... who forgave your sins....
   c. ... who will forgive you your sin....
   d. ... who had forgiven you all your sins....

2. *... der dein Leben vom Verderben erlöst....* (v. 4)
   a. ... he redeemed your life from destruction....
   b. ... who redeemed our life from despair....
   c. ... who redeems your life from destruction....
   d. ... he redeems your life from destruction....

3. *... und du wieder jung wirst wie ein Adler.* (v. 5)
   a. ... and you are young again like eagles.
   b. ... and you were young again like eagles.
   c. ... and you become young again like an eagle.
   d. ... and you will be young again like eagles.

4. *Barmherzig und gnädig ist der HERR, geduldig und von großer Güte.* (v. 8)
   a. The Lord is gracious and merciful....
   b. The gracious and merciful Lord....
   c. A gracious and merciful Lord....
   d. Merciful and gracious is the Lord....

5. *Er handelt nicht mit uns nach unsern Sünden....* (v. 10)
   a. He does not deal with us according to our sins....
   b. He has not dealt with ourselves according to our sins....
   c. He deals with us according to our sins....
   d. He would not deal with ourselves according to our sin....

6. *So fern der Morgen ist vom Abend.* ... (v. 12)
   a. The distance between morning and evening....
   b. The distance between mornings and evenings....

c. As far as the morning is from the evening. . . .
d. As far as morning has been from evening. . . .

7. *Wie sich ein Vater über Kinder erbarmt.* . . . (v. 13)
  a. As fathers pity their children. . . .
  b. As a father pities his child. . . .
  c. As parents will pity their children. . . .
  d. As a father pities his children. . . .

8. Denn er weiß, *was für ein Gebilde wir sind.* . . . (v. 14)
  a. . . . what sort of a creation we are. . . .
  b. . . . what we will be. . . .
  c. . . . what sort of a creation we have been. . . .
  d. . . . what sort of creation man was. . . .

9. . . . *ihr starken Helden.* . . . (v. 20)
  a. . . . a strong hero. . . .
  b. . . . strong heroes. . . .
  c. . . . to a strong hero. . . .
  d. . . . you strong heroes. . . .

10. . . . bei denen, die seinen _____ halten. . . . (v. 18)
  a. Gebote
  b. Bund
  c. Befehl
  d. Gnade

B. Answer the following questions:
  1. Wer vergibt Davids Sünden?
  2. Womit krönt Gott David?
  3. Wem schafft der Herr Gerechtigkeit?
  4. Wie ist der Herr?
  5. Über wen erbarmt sich der Herr?
  6. Woran gedenkt Gott?
  7. Wie ist der Mensch in seinem Leben?
  8. Was währt von Ewigkeit zu Ewigkeit?
  9. Wer richtet den Befehl Gottes aus?
  10. Wer tut Gottes Willen?

12

Jesaja 54, 1–17

From *Die Bibel nach der Übersetzung Martin Luthers* (Stuttgart: Deutsche Bibelgesellschaft, 1985). Reprinted by permission.

rühmen (h.) to praise, to extol   **die Unfruchtbare** barren woman, barren one   **gebären** (h.) (a, o) to bear, to bring forth
sich freuen (h.) here, to rejoice   **das Rühmen** praise   **jauchzen** (h.) to shout with joy
schwanger sein to be pregnant   **die Einsame** desolate woman, desolate one

5   **der Raum** (¨e) space, area   **das Zelt** (-e) tent   **ausbreiten** (h.) to expand, to spread out
die Decke (-n) cover, blanket   **die Wohnstatt** dwelling   **sparen** (h.) to save, to spare   **spannen** (h.) to stretch   **das Seil** (-e) cord, rope   **Spann deine Seile lang** here, lengthen your cords
feststecken (h.) to make fast, to pin; here, to strengthen   **der Pflock** (¨e) peg   **und stecke deine Pflöcke fest** and secure your pegs
sich ausbreiten (h.) to spread, to expand   **zur Rechten** to the right   **zur Linken** to the left
der Nachkomme (-n) descendant   **beerben** (h.) to inherit (from)
10   **verwüsten** (h.) to devastate, to desolate   **neu bewohnen** (h.) here, to resettle
fürchten (h.) to fear   **zuschanden werden** (s.) (u, o) to be frustrated
sich schämen (h.) to be ashamed   **der Spott** ridicule   **du sollst nicht zum Spott werden** you shall not be ridiculed
die Schande (-n) shame   **vergessen** (h.) (a, e) to forget

die Schmach humiliation   **die Witwenschaft** widowhood

15   **gedenken** (h.) (a, a) to remember someone or something (with gen.)

dein Mann your husband

der Erlöser redeemer   **der Heilige Israels** the Holy One of Israel
der aller Welt Gott genannt wird who is called the Lord of all the world
rufen (h.) (ie, u) to call, to shout   **verlassen** (h.) (ie, a) to leave, to forsake
20   **das Herz** (-en) heart, spirit   **betrübt** grieved   **das Weib** (-er) wife, woman   **wie ein verlassenes und von Herzen betrübtes Weib** like a wife forsaken and grieved in spirit
die Jugendzeit youth   **verstoßen** (h.) (ie, o) to divorce   **bleiben** (s.) (ie, ie) to remain

der Augenblick moment

die Barmherzigkeit compassion   **sammeln** (h.) to gather
25   **das Angesicht** (-er) face   **der Zorn** anger

ein wenig a little   **verbergen vor** (h.) (a, o) to hide from   **die Gnade** (-en) grace, mercy
sich erbarmen (h.) to have compassion on someone (with gen.)   **der Erlöser** redeemer
halten (h.) (ie, a) here, to handle, to do   **Ich halte es wie zur Zeit Noahs** I handle it as at the time of Noah   **schwören** (h.) (o, o) to swear
die Wasser (pl.) the waters   **über die Erde gehen** to spread or pass over the earth
30   **über einen zürnen** (h.) to be angry with someone
einen schelten (h.) (a, o) to scold someone

114

¹Rühme, du Unfruchtbare, die du nicht geboren hast!
Freue dich mit Rühmen und jauchze, die du nicht
schwanger warst! Denn die Einsame hat mehr Kinder, als
die den Mann hat, spricht der HERR.
²Mache den Raum deines Zeltes weit und breite aus die 5
Decken deiner Wohnstatt; spare nicht! Spann deine Seile
lang und stecke deine Pflöcke fest!
³Denn du wirst dich ausbreiten zur Rechten und zur Linken, und deine Nachkommen werden Völker beerben und
verwüstete Städte neu bewohnen. 10
⁴Fürchte dich nicht, denn du sollst nicht zuschanden werden; schäme dich nicht, denn du sollst nicht zum Spott
werden, sondern du wirst die Schande deiner Jugend vergessen und der Schmach deiner Witwenschaft nicht mehr
gedenken. 15
⁵Denn der dich gemacht hat, ist dein Mann—HERR Ze-
baoth heißt sein Name—, und dein Erlöser ist der Heilige
Israels, der aller Welt Gott genannt wird.
⁶Denn der HERR hat dich zu sich gerufen wie ein verlassenes und von Herzen betrübtes Weib; und das Weib der 20
Jugendzeit, wie könnte es verstoßen bleiben! spricht dein
Gott.
⁷Ich habe dich einen kleinen Augenblick verlassen, aber
mit großer Barmherzigkeit will ich dich sammeln.
⁸Ich habe mein Angesicht im Augenblick des Zorns ein 25
wenig vor dir verborgen, aber mit ewiger Gnade will ich
mich deiner erbarmen, spricht der HERR, dein Erlöser.
⁹Ich halte es wie zur Zeit Noahs, als ich schwor, daß die
Wasser Noahs nicht mehr über die Erde gehen sollten. So
habe ich geschworen, daß ich nicht mehr über dich zür- 30
nen und dich nicht mehr schelten will.

der Berg (-e) mountain   **weichen** (s.) (i, i) to give way, to yield   **Denn es sollen wohl Berge weichen** For the mountains shall probably give way   **der Hügel** (-) hill   **hinfallen** (s.) (ie, a) to fall down
von einem weichen (s.) to leave someone, to depart from someone   **aber meine Gnade soll nicht von dir weichen** but my grace shall not leave you
der Bund covenant   **der Friede** peace   **und der Bund meines Friedens soll nicht hinfallen** and the covenant of my peace shall not be dropped (or invalidated)

35   **dein Erbarmer** your merciful God
die Elende (-n) wretch   **das Wetter** (-) storm   **über die alle Wetter gehen** over whom all storms pass   **der Trost** comfort, consolation
finden (h.) (a, u) to find   **die Mauer** (-n) wall   **der Edelstein** (-e) gem   **stellen** (h.) to put, to place
der Grund foundation   **der Saphir** (-e) sapphire   **und will deinen Grund mit Saphiren legen** and will lay your foundation with sapphires
die Zinne (-n) pinnacle   **der Kristall** (-e) crystal   **das Tor** (-e) gate

40   **der Rubin** (-e) ruby   **die Grenze** (-n) boundary   **erlesen** (h.) (a, e) to choose, to select
der Jünger (-) disciple

die Gerechtigkeit righteousness   **Du sollst auf Gerechtigkeit gegründet sein** You shall be founded on justice   **ferne** far

45   **die Bedrückung** oppression   **sich fürchten** (h.) to be afraid   **du brauchst dich nicht zu fürchten** you do not have to be afraid
der Schrecken terror   **nahen** (h.) to approach
kämpfen (h.) to fight
streiten (h.) (i, i) to struggle, to fight   **im Kampf fallen** (s.) (ie, a) to die in battle

der Schmied blacksmith   **die Kohle** (-n) coal

50   **das Feuer** fire   **anblasen** (h.) (ie, a) to blow at (upon)   **die Waffe** (-n) weapon   **das Handwerk** craft, trade
der Verderber spoiler

vernichten (h.) to destroy
bereiten (h.) to prepare, to make   **gelingen** (s.) (a, u) to succeed (impersonal verb with dat.)
jede every   **die Zunge** (-n) tongue   **sich erheben** (h.) (o, o) to rise
sollst du im Gericht schuldig sprechen you shall declare guilty in court   **das Erbteil** share of an inheritance
der Knecht (-e) servant   **die Gerechtigkeit** righteousness

¹⁰Denn es sollen wohl Berge weichen und Hügel hinfallen, aber meine Gnade soll nicht von dir weichen, und der Bund meines Friedens soll nicht hinfallen, spricht der HERR, dein Erbarmer. 35

¹¹Du Elende, über die alle Wetter gehen, die keinen Trost fand! Siehe, ich will deine Mauern auf Edelsteine stellen und will deinen Grund mit Saphiren legen ¹²und deine Zinnen aus Kristallen machen und deine Tore von Rubinen und alle deine Grenzen von erlesenen 40 Steinen.

¹³Und alle deine Söhne sind Jünger des HERRN, und großen Frieden haben deine Söhne.

¹⁴Du sollst auf Gerechtigkeit gegründet sein. Du wirst ferne sein von Bedrückung, denn du brauchst dich nicht zu 45 fürchten, und von Schrecken, denn er soll dir nicht nahen.

¹⁵Siehe, wenn man kämpft, dann kommt es nicht von mir; wer gegen dich streitet, wird im Kampf gegen dich fallen.

¹⁶Siehe, ich habe den Schmied geschaffen, der die Kohlen im Feuer anbläst und Waffen macht nach seinem Hand- 50 werk; und ich habe auch den Verderber geschaffen, um zu vernichten.

¹⁷Keiner Waffe, die gegen dich bereitet wird, soll es ge- lingen, und jede Zunge, die sich gegen dich erhebt, sollst du im Gericht schuldig sprechen. Das ist das Erbteil der 55 Knechte des HERRN, und ihre Gerechtigkeit kommt von mir, spricht der HERR.

Exercises

A. Select the most accurate translation of the italicized words or fill in the blank:

1. Rühme, du Unfruchtbare, *die du nicht geboren hast!* (v. 1)
   a. ... who does bear!
   b. ... who does not bear!
   c. ... you who have not borne!
   d. ... you who do not bear!

2. *Denn du wirst dich ausbreiten zur Rechten und zur Linken.* ... (v. 3)
   a. For you will expand to the left and to the right....
   b. For you will expand to the right and to the left....
   c. For you will expand some....
   d. For you had to expand to the right and to the left....

3. ... sondern du wirst die Schande deiner Jugend vergessen *und der Schmach deiner Witwenschaft nicht mehr gedenken.* (v. 4)
   a. ... and remember the humiliation of her widowhood.
   b. ... and remember the humiliation of your widowhood.
   c. ... and no longer remember the humiliation of your widowhood.
   d. ... and remember the humiliation of my widowhood.

4. *Ich habe mein Angesicht* im Augenblick des Zorns *ein wenig vor dir verborgen.* ... (v. 8)
   a. I hid my face from you a little....
   b. I hide my face a little before you....
   c. I will hide my face occasionally from you....
   d. I had hidden my face from you a little....

5. ... als ich schwor, *daß die Wasser Noahs nicht mehr über die Erde gehen sollten.* (v. 9)
   a. ... that the water of Noah shall no longer spread over the earth.
   b. ... that the waters of Noah shall no longer spread over the earth.
   c. ... that the water of Noah should no longer spread over the earth.
   d. ... that the waters of Noah should no longer spread over the earth.

6. ... *die keinen Trost fand!* (v. 11)
   a. ... who did not find any consolation!
   b. ... who does not find any consolation!
   c. ... who found consolation!
   d. ... who will find consolation!

7. *Und alle deine Söhne....* (v. 13)
   a. And your son....
   b. And your sons....
   c. And all of your sons....
   d. And all sons....

8. ... *der die Kohlen im Feuer anbläst....* (v. 16)
   a. ... who blows at the coals in the fire....
   b. ... who blow at the coals in the fire....
   c. ... who blows at the coal in the fire....
   d. ... who blew at the coals in the fire....

9. ... *und ich habe auch den Verderber geschaffen, um zu vernichten.* (v. 16)
   a. ... and I created the spoilers.
   b. ... and I created the spoiler.
   c. ... and I created also the spoiler.
   d. ... and I created also the spoilers.

10. Keiner _____, die gegen dich bereitet wird, soll es gelingen. (v. 17)
    a. Kampf
    b. Waffe
    c. Volk
    d. Schwert

B. Answer the following questions:
1. Warum soll die Einsame jauchzen?
2. Was verspricht der Herr ihren Nachkommen?
3. Was wird sie vergessen?
4. Wer ist ihr Erlöser?
5. Was schwor Gott zur Zeit Noahs?
6. Was soll von der Einsamen nicht weichen?
7. Was sind ihre Söhne?
8. Warum braucht sie sich nicht fürchten?
9. Was geschieht mit denen, die gegen sie kämpfen?
10. Was geschieht mit den Zungen, die sich gegen sie erheben?

13
Jeremia 1, 4–19

From *Die Bibel nach der Übersetzung Martin Luthers* (Stuttgart: Deutsche Bibelgesellschaft, 1985). Reprinted by permission.

geschehen (s.) (a, e) to come, to occur, to happen **geschah zu mir** came to
me
kennen (h.) (a, a) to know **ehe** before **der Mutterleib** womb **bereiten** (h.)
to make, to prepare **ehe ich dich im Mutterleibe bereitete** before I made
you in the womb
aussondern (h.) to select, to pick **geboren werden** to be born
bestellen (h.) here, to appoint **der Prophet** (-en) prophet **das Volk** (-̈er)
people, nation
5 **ach ah taugen** (h.) to be fit **predigen** (h.) to preach **ich tauge nicht zu**
predigen I am not fit to preach
jung young

sondern but **wohin** where **senden** (h.) (a, a) to send
alles everything, all **gebieten** (h.) to command
10 **sich vor einem fürchten** (h.) to be afraid of someone **bei dir** with you

erretten (h.) to save, to rescue, to deliver
ausstrecken (h.) to put forth, to stretch out **anrühren** (h.) to touch

legen (h.) to put

15 **einen über einen setzen** (h.) to set someone over someone **das Königreich**
(-e) kingdom
ausreißen (h.) (i, i) to pull out, to tear out **einreißen** (h.) (i, i) to pull down,
to take down **zerstören** (h.) to destroy, to ruin, to wreck **verderben** (h.)
(a, o) to spoil, to ruin
bauen (h.) to build **pflanzen** (h.) to plant

der Zweig (-e) branch, twig **einen erwachenden Zweig** an awakening branch
recht right

21 **wachen über** (acc.) to watch over **tun** (h.) (a, a) to do

zum zweitenmal for the second time

der Kessel (-) pot, kettle **einen siedenden Kessel** a boiling pot
24 **überkochen** (s.) to boil over **von Norden her** from the north

das Unheil calamity, disaster **losbrechen** (s.) (a, o) to break forth (out), to
burst forth

der Thron (-e) throne **setzen** (h.) to set **das Tor** (-e) gate **vor die Tore** right
at the gates, in front of the gates
30 **die Mauer** (-n) wall **rings um die Mauern her** all around the walls **die**
Stadt (-̈e) city

122

⁴Und des HERRN Wort geschah zu mir:
⁵Ich kannte dich, ehe ich dich im Mutterleibe bereitete,
und sonderte dich aus, ehe du von der Mutter geboren
wurdest, und bestellte dich zum Propheten für die Völker.
⁶Ich aber sprach: Ach Herr HERR, ich tauge nicht zu pre-   5
digen; denn ich bin zu jung.
⁷Der HERR sprach aber zu mir: Sage nicht: „Ich bin zu
jung", sondern du sollst gehen, wohin ich dich sende, und
predigen alles, was ich dir gebiete.
⁸Fürchte dich nicht vor ihnen; denn ich bin bei dir und   10
will dich erretten, spricht der HERR.
⁹Und der HERR streckte seine Hand aus und rührte meinen
Mund an und sprach zu mir: Siehe, ich lege meine Worte
in deinen Mund.
¹⁰Siehe, ich setze dich heute über Völker und Königreiche,   15
daß du ausreißen und einreißen, zerstören und verderben
sollst und bauen und pflanzen.
¹¹Und es geschah des HERRN Wort zu mir: Jeremia, was
siehst du? Ich sprach: Ich sehe einen erwachenden Zweig.
¹²Und der HERR sprach zu mir: Du hast recht gesehen;   20
denn ich will wachen über mein Wort, daß ich's tue.
¹³Und es geschah des HERRN Wort zum zweitenmal zu
mir: Was siehst du? Ich sprach: Ich sehe einen siedenden
Kessel überkochen von Norden her.
¹⁴Und der HERR sprach zu mir: Von Norden her wird das   25
Unheil losbrechen über alle, die im Lande wohnen.
¹⁵Denn siehe, ich will rufen alle Völker der Königreiche
des Nordens, spricht der HERR, daß sie kommen sollen
und ihre Throne setzen vor die Tore Jerusalems und rings
um die Mauern her und vor alle Städte Judas.   30

das Gericht (-e) judgment   **ergehen lassen** (h.) (ie, a) to pronounce, to pass
die Bosheit wickedness   **um all ihrer Bosheit willen** for the sake of all their
  wickedness   **verlassen** (h.) (ie, a) to leave, to forsake
die Götter (pl.) gods   **opfern** (h.) to sacrifice   **das Werk** (-e) work   **ihrer
  Hände Werk** the work of their hands   **anbeten** (h.) to worship
gürten (h.) to gird   **die Lende** (-n) loin   **sich aufmachen** (h.) to start, to set
  out

35   **alles** everything   **gebieten** (h.) (o, o) to command   **alles, was ich dir gebiete**
  everything that I command you   **erschrecken vor einem** (s.) (a, o) to be
  frightened of someone   **Erschrick nicht vor ihnen** Do not be frightened of
  them
erschrecken (h.) (a, o) to frighten   **auf daß ich dich nicht erschrecke vor
  ihnen** so that I do not frighten you before them
fest fortified   **Denn ich will dich heute zur festen Stadt, zur eisernen Säule,
  zur ehernen Mauer machen** For I will make you today a fortified city, an
  iron pillar, a wall of bronze
wider against

40   **wider seine Großen** against its great ones   **der Priester** (-) priest
streiten (h.) (i, i) to fight   **dennoch** nevertheless
einem nichts anhaben können (h.) (o, o) to be unable to harm someone
erretten (h.) to deliver, to save, to rescue

¹⁶Und ich will mein Gericht über sie ergehen lassen um all ihrer Bosheit willen, daß sie mich verlassen und andern Göttern opfern und ihrer Hände Werk anbeten. ¹⁷So gürte nun deine Lenden und mache dich auf und predige ihnen alles, was ich dir gebiete. Erschrick nicht 35 vor ihnen, auf daß ich dich nicht erschrecke vor ihnen! ¹⁸Denn ich will dich heute zur festen Stadt, zur eisernen Säule, zur ehernen Mauer machen im ganzen Lande wider die Könige Judas, wider seine Großen, wider seine Priester, wider das Volk des Landes, 40 ¹⁹daß, wenn sie auch wider dich streiten, sie dir dennoch nichts anhaben können; denn ich bin bei dir, spricht der HERR, daß ich dich errette.

Exercises

A. Select the most accurate translation of the italicized words or fill in the blank:

1. . . . *und bestellte dich zum Propheten für die Völker.* (v. 5)
   a. . . . and appointed you a prophet for the nations.
   b. . . . and appoint you a prophet for the nations.
   c. . . . and will appoint you as a prophet for the nation.
   d. . . . and had appointed you as a prophet for the nations.

2. . . . *und predigen alles, was ich dir gebiete.* (v. 7)
   a. . . . and preached everything that I commanded you.
   b. . . . and preach everything that I command you.
   c. . . . and preach my commandments.
   d. . . . and had preached everything that I had commanded you.

3. *Siehe, ich lege meine Worte in deinen Mund.* (v. 9)
   a. Behold, I have put my word in your mouth.
   b. Behold, I must put my word in your mouth.
   c. Behold, I had put my words in your mouth.
   d. Behold, I put my words in your mouth.

4. . . . *daß du ausreißen und einreißen, zerstören und verderben sollst. . . .* (v. 10)
   a. . . . that you shall pull out and pull down, destroy and spoil. . . .
   b. . . . that you shall pull down and pull out, destroy and spoil. . . .
   c. . . . that you should pull down and pull out, destroy and spoil. . . .
   d. . . . that you should have pulled out and pulled down, destroyed and spoiled. . . .

5. . . . denn ich will wachen über mein Wort, *daß ich's tue.* (v. 12)
   a. . . . that I would have done it.

b. ... that I do it.

c. ... that I will do it.

d. ... that I did it.

6. *Ich sehe einen siedenden Kessel überkochen von Norden her.* (v. 13)

a. I see a pot boiling north.

b. I saw a pot boiling from the north.

c. I see a boiling pot north.

d. I see a boiling pot boiling over from the north.

7. *Von Norden her wird das Unheil losbrechen....* (v. 14)

a. From the north calamity will break forth....

b. In the north calamity starts....

c. In the north calamity started....

d. From the north calamity broke forth....

8. *... und ihre Throne setzen vor die Tore Jerusalems....* (v. 15)

a. ... and set thrones right at the gate of Jerusalem....

b. ... and were setting thrones right at the gate of Jerusalem....

c. ... and set their thrones right at the gates of Jerusalem....

d. ... and might set thrones right at the gates of Jerusalem....

9. *Und ich will mein Gericht über sie ergehen lassen....* (v. 16)

a. And I must pronounce their judgment....

b. And I will pronounce my judgment over them....

c. And I like to pronounce judgment over her....

d. And I did pronounce my judgment over her....

10. . . . denn ich bin bei dir, spricht der HERR, daß ich dich _____. (v. 19)

   a. helfe

   b. gebiete

   c. errette

   d. beistehe

B. Answer the following questions:

1. Warum wollte Jeremia nicht Prophet werden?

2. Was soll Jeremia predigen?

3. Warum soll sich Jeremia vor den Völkern nicht fürchten?

4. Was legt Gott in Jeremias Mund?

5. Über wen setzt Gott Jeremia heute?

6. Was sieht Jeremia?

7. Was sollen alle Völker der Königreiche des Nordens tun?

8. Warum wird Juda gerichtet?

9. Was macht Gott mit Jeremia heute?

10. Wer wird Jeremia helfen?

14

Hesekiel 37, 1–28

From *Die Bibel in heutigem Deutsch/Die Gute Nachricht des Alten und Neuen Testaments mit den Spätschriften des Alten Testaments* (Stuttgart: Deutsche Bibelgesellschaft, 1982). Reprinted by permission.

die Hand (⁻e) hand   **kam über mich** came over me   **einen hinausführen** (h.) to lead someone out, to take someone out
stellen (h.) to place, to put   **mitten** in the middle
weit wide   **das Feld** (-er) field   **liegen** (h.) (a, e) to lie, to be   **voller** full of   **die Totengebeine** (pl.) dead men's bones
hindurchführen (h.) to take through   **überall** everywhere, all over

5   **das Gebein** (-e) bones (pl.)   **über das Feld hin** across the field

ganz completely   **verdorren** (s.) to dry up   **das Menschenkind** (-er) son of man, human being   **meinen** (h.) to think, to mean   **wohl** well, perhaps, indeed
lebendig werden to come to life
wissen (h.) (u, u) to know

10   **weissagen** (h.) to prophesy
hören (h.) to hear

14   **der Odem** breath

die Sehne (-n) sinew   **geben** (h.) (a, e) to give
wachsen (s.) (u, a) to grow   **überziehen** (h.) (o, o) to cover   **die Haut** (⁻e) skin

erfahren (h.) (u, a) to learn, to come to know

20   **einem etwas befehlen** (h.) (a, o) to order someone to do something
rauschen (h.) to rustle   **sich regen** (h.) to move, to stir
zusammenrücken (s.) here, to come together
wachsen (s.) (u, a) to grow   **darauf** upon them

28   **herzukommen** (s.) (a, o) to come up
anblasen (h.) (ie, a) to blow at or upon   **der Getötete** (-n) slain
Da kam der Odem in sie Then breath came into them

130

¹Des HERRN Hand kam über mich, und er führte mich hinaus im Geist des HERRN und stellte mich mitten auf ein weites Feld, das lag voller Totengebeine. ²Und er führte mich überall hindurch. Und siehe, es lagen sehr viele Gebeine über das Feld hin, und siehe, sie waren ganz verdorrt. ³Und er sprach zu mir: Du Menschenkind, meinst du wohl, daß diese Gebeine wieder lebendig werden? Und ich sprach: HERR, mein Gott, du weißt es. ⁴Und er sprach zu mir: Weissage über diese Gebeine und sprich zu ihnen: Ihr verdorrten Gebeine, höret des HERRN Wort! ⁵So spricht Gott der HERR zu diesen Gebeinen: Siehe, ich will Odem in euch bringen, daß ihr wieder lebendig werdet. ⁶Ich will euch Sehnen geben und lasse Fleisch über euch wachsen und überziehe euch mit Haut und will euch Odem geben, daß ihr wieder lebendig werdet; und ihr sollt erfahren, daß ich der HERR bin. ⁷Und ich weissagte, wie mir befohlen war. Und siehe, da rauschte es, als ich weissagte, und siehe, es regte sich, und die Gebeine rückten zusammen, Gebein zu Gebein. ⁸Und ich sah, und siehe, es wuchsen Sehnen und Fleisch darauf, und sie wurden mit Haut überzogen; es war aber noch kein Odem in ihnen. ⁹Und er sprach zu mir: Weissage zum Odem; weissage, du Menschenkind, und sprich zum Odem: So spricht Gott der HERR: Odem, komm herzu von den vier Winden und blase diese Getöteten an, daß sie wieder lebendig werden! ¹⁰Und ich weissagte, wie er mir befohlen hatte. Da kam

131

und stellten sich auf ihre Füße and stood upon their feet   überaus exceedingly   das Heer (-e) army

35   die Hoffnung hope   verlieren (h.) (o, o) to lose
und es ist aus mit uns and it is all over with us

39   das Grab (-̈er) grave   auftun (h.) (a, a) to open   heraufholen (h.) to bring up
euch here, you (acc.)   bringen (h.) (a, a) to bring

öffnen (h.) to open

einen in etwas setzen (h.) to put someone in(to) something
46   Ich rede es I say it   tun (h.) (a, a) to do

geschehen (s.) (a, e) to happen, to occur, to take place   Und des HERRN Wort
geschah zu mir And the word of the Lord came to me
das Holz (-̈er) piece of wood, stick   darauf schreiben (h.) (ie, ie) to write on
it
sich zu einem halten (h.) (ie, a) to side with someone
noch ein Holz another stick   Holz Ephraims the stick of Ephraim

fügen (h.) to join   Und füge eins an das andere And join one to the other

55   nun now
zeigen (h.) to show, to point out   damit by that   meinen (h.) to mean

samt together with, along with, including   der Stamm (-̈e) tribe

60   und will sie zu dem Holz Judas tun and will add them to the stick of Judah

der Odem in sie, und sie wurden wieder lebendig und stellten sich auf ihre Füße, ein überaus großes Heer.

¹¹Und er sprach zu mir: Du Menschenkind, diese Gebeine sind das ganze Haus Israel. Siehe, jetzt sprechen sie: Unsere Gebeine sind verdorrt, und unsere Hoffnung ist ver- 35 loren, und es ist aus mit uns.

¹²Darum weissage und sprich zu ihnen: So spricht Gott der HERR: Siehe, ich will euch Gräber auftun und hole euch, mein Volk, aus euren Gräbern herauf und bringe euch ins Land Israels. 40

¹³Und ihr sollt erfahren, daß ich der HERR bin, wenn ich eure Gräber öffne und euch, mein Volk, aus euren Gräbern heraufhole.

¹⁴Und ich will meinen Odem in euch geben, daß ihr wieder leben sollt, und will euch in euer Land setzen, und ihr 45 sollt erfahren, daß ich der HERR bin. Ich rede es und tue es auch, spricht der HERR.

¹⁵Und des HERRN Wort geschah zu mir:

¹⁶Du Menschenkind, nimm dir ein Holz und schreibe darauf: „Für Juda und Israel, die sich zu ihm halten." Und 50 nimm noch ein Holz und schreibe darauf: „Holz Ephraims, für Josef und das ganze Haus Israel, das sich zu ihm hält."

¹⁷Und füge eins an das andere, daß es ein Holz werde in deiner Hand.

¹⁸Wenn nun dein Volk zu dir sprechen wird: Willst du uns 55 nicht zeigen, was du damit meinst?

¹⁹so sprich zu ihnen: So spricht Gott der HERR: Siehe, ich will das Holz Josefs, das in der Hand Ephraims ist, nehmen samt den Stämmen Israels, die sich zu ihm halten, und will sie zu dem Holz Judas tun und ein Holz daraus 60 machen, und sie sollen eins sein in meiner Hand.

das **Auge** (-n) eye

65 **herausholen** (h.) to take out (from) **die Heiden** (pl.) the Gentiles
ziehen (s.) (o, o) to move **von überall her** from all parts **sammeln** (h.) to
gather

ein einziges Volk one (single) nation, one people
69 **der Berg** (-e) mountain **auf den Bergen Israels** on the mountains of
Israel **allesamt** all of them **der König** (-e) king

teilen (h.) to divide **das Königreich** (-e) kingdom

unrein unclean, impure
der Götze (-n) idol **die Greuelbilder** (pl.) detestable things **die Sünde** (-n)
sin
retten (h.) to save **der Abweg** (-e) wrong way
75 **sündigen** (h.) to sin **reinigen** (h.) to cleanse

der Knecht (-e) servant
der Hirte (-n) shepherd **der einzige Hirte** the only shepherd **wandeln** (s.)
to walk
das Recht (-e) statute **das Gebot** (-e) commandment **halten** (h.) (ie, a) to
keep **und danach tun** and act accordingly
80 **wohnen** (h.) to live, to dwell

ihre Kindeskinder their children's children
darin in it **für immer** forevermore
der Fürst (-en) prince

85 **der Bund** (⁻e) covenant **der Friede** (-n) peace
schließen (h.) (o, o) here, to make **ein ewiger Bund** an everlasting covenant
erhalten (h.) (ie, a) to keep, to maintain **mehren** (h.) to augment, to increase
das Heiligtum sanctuary
unter among

91 **damit** so that, that **erfahren** (h.) (u, a) to learn, to know

134

²⁰Und so sollst du die Hölzer, auf die du geschrieben hast, in deiner Hand halten vor ihren Augen, ²¹und sollst zu ihnen sagen: So spricht Gott der HERR: Siehe, ich will die Israeliten herausholen aus den Heiden, 65 wohin sie gezogen sind, und will sie von überall her sammeln und wieder in ihr Land bringen ²²und will ein einziges Volk aus ihnen machen im Land auf den Bergen Israels, und sie sollen allesamt einen König haben und sollen nicht mehr zwei Völker sein und nicht 70 mehr geteilt in zwei Königreiche.

²³Und sie sollen sich nicht mehr unrein machen mit ihren Götzen und Greuelbildern und allen ihren Sünden. Ich will sie retten von allen ihren Abwegen, auf denen sie gesündigt haben, und will sie reinigen, und sie sollen mein 75 Volk sein, und ich will ihr Gott sein.

²⁴Und mein Knecht David soll ihr König sein und der einzige Hirte für sie alle. Und sie sollen wandeln in meinen Rechten und meine Gebote halten und danach tun.

²⁵Und sie sollen wieder in dem Lande wohnen, das ich 80 meinem Knecht Jakob gegeben habe, in dem eure Väter gewohnt haben. Sie und ihre Kinder und Kindeskinder sollen darin wohnen für immer, und mein Knecht David soll für immer ihr Fürst sein.

²⁶Und ich will mit ihnen einen Bund des Friedens 85 schließen, der soll ein ewiger Bund mit ihnen sein. Und ich will sie erhalten und mehren, und mein Heiligtum soll unter ihnen sein für immer.

²⁷Ich will unter ihnen wohnen und will ihr Gott sein, und sie sollen mein Volk sein, 90 ²⁸damit auch die Heiden erfahren, daß ich der HERR bin, der Israel heilig macht, wenn mein Heiligtum für immer unter ihnen sein wird.

Exercises

A. Select the most accurate translation of the italicized words or fill in the blank:

1. . . . und stellte mich mitten auf ein weites Feld, *das lag voller Totengebeine.* (v. 1)
   a. . . . that is full of dead men's bones.
   b. . . . that was full of dead men's bones.
   c. . . . that had been full of bones.
   d. . . . that has many bones.

2. . . . und will euch Odem geben, *daß ihr wieder lebendig werdet.* (v. 6)
   a. . . . that we come to life again.
   b. . . . that we must come to life again.
   c. . . . that you come to life again.
   d. . . . that you had come to life again.

3. . . . *und sie wurden mit Haut überzogen.* . . . (v. 8)
   a. . . . and they were covered with matter. . . .
   b. . . . and they would be covered with matter. . . .
   c. . . . and they are covered with skin. . . .
   d. . . . and they were covered with skin. . . .

4. . . . *und hole euch,* mein Volk, *aus euren Gräbern herauf.* . . . (v. 12)
   a. . . . and bring one up from one's grave. . . .
   b. . . . and bring us up from our graves. . . .
   c. . . . and bring them up from their graves. . . .
   d. . . . and bring you up from your graves. . . .

5. Holz Ephraims, für Josef und das ganze Haus Israel, *das sich zu ihm hält.* (v. 16)
   a. . . . that will hold to him.
   b. . . . that held to him.
   c. . . . that sides with him.
   d. . . . that was siding with him.

6. *So spricht Gott der HERR.* . . . (v. 19)
   a. Thus says the Lord God. . . .
   b. So said God. . . .
   c. Thus the Lord was saying. . . .
   d. Thus said the Lord God. . . .

7. ...*und will sie von überall her sammeln*....(v. 21)
   a. ...and must get them all together....
   b. ...and will gather them from far away....
   c. ...and will gather them from all parts....
   d. ...and gathered you from many parts....

8. ...*und sollen nicht mehr zwei Völker sein*....(v. 22)
   a. ...and must be two nations....
   b. ...and shall no longer be two nations....
   c. ...and could no longer be two nations....
   d. ...and would be two nations....

9. ...*und der einzige Hirte für sie alle.* (v. 24)
   a. ...and a shepherd for us all.
   b. ...and a good shepherd for them all.
   c. ...and the only shepherd for all of you.
   d. ...and the only shepherd for all of them.

10. ...und mein Knecht David soll für immer ihr
          _____ sein. (v. 25)
   a. Fürst
   b. Diener
   c. Prophet
   d. Knecht

B. Answer the following questions:
1. Wohin stellte der Herr Hesekiel?
2. Wie waren die Gebeine?
3. Was will Gott mit diesen Gebeinen machen?
4. Was geschah, als Hesekiel weissagte, wie ihm befohlen war?
5. Wer sind diese Gebeine?
6. Was muß Hesekiel auf die zwei Hölzer schreiben?
7. Warum muß Hesekiel ein Holz an das andere fügen?
8. Was will Gott mit den Israeliten machen?
9. Wer soll nicht mehr in zwei Königreiche geteilt sein?
10. Wer macht Israel heilig?

137

15

Daniel 6, 15–29

From *Die Bibel in heutigem Deutsch/Die Gute Nachricht des Alten und Neuen Testaments mit den Spätschriften des Alten Testaments* (Stuttgart: Deutsche Bibelgesellschaft, 1982). Reprinted by permission.

der **König** (-e) king **traurig** sad **gerade** precisely, directly **treffen** (h.) (a, o) to affect, to hit **daß es gerade Daniel treffen sollte** that it should affect Daniel directly
retten (h.) to save **Den ganzen Tag über** All day long **suchen nach** (h.) to look for
der **Ausweg** (-e) way out

4 der **Sonnenuntergang** (-̈e) sunset der **Ankläger** (-) accuser
einem etwas vorhalten (h.) (ie, a) to reproach someone with something
das **Gesetz** (-e) law die **Meder** Medes die **Perser** Persians der **Erlaß** (-[ss]e) decree
widerrufen (h.) (ie, u) to revoke, to repeal, to cancel

der **Befehl** (-e) command **geben** (h.) (a, e) to give **herbringen** (h.) (a, a) to bring hither
die **Löwengrube** den of lions **werfen** (h.) (a, o) to throw

10 **treu verehren** (h.) to worship faithfully
retten (h.) to save

der **Stein** (-e) stone **auf** on top of die **Öffnung der Grube** the mouth of the den **wälzen** (h.) to roll
das **Siegel** (-) signet, seal **höchst** highest der **Beamte** (-n) official
versiegeln (h.) to seal **niemand** no one **befreien** (h.) to free die **Vollstreckung** execution
das **Urteil** (-e) sentence, verdict **verhindern** (h.) to prevent

16 **danach** afterwards der **Palast** (-̈e) palace **anrühren** (h.) to touch
der **Abend** (-e) evening das **Essen** food **sich** (dat.) **etwas versagen** (h.) to deprive oneself of something, to forgo something die **Unterhaltung** conversation
die **ganze Nacht** all night der **Schlaf** sleep
das **Morgengrauen** daybreak **aufstehen** (s.) (a, a) to get up, to rise **laufen** (s.) (ie, au) to run

21 **und rief schon von ferne voller Angst** and full of fear called out already from afar der **Diener** (-) servant
lebendig living
der **Löwe** (-n) lion **retten vor** (h.) to save from
König, mögest du ewig leben! May the king live forever!

25 der **Engel** (-) angel **verschließen** (h.) (o, o) to shut (up)
der **Rachen** (-) mouth (of beasts) **einem etwas antun** (h.) (a, a) to do something to someone
die **Schuld** (-en) guilt **Denn er hat keine Schuld an mir gefunden** here, For he found me innocent
ein Unrecht begehen (h.) (i, a) to commit a wrong
überglücklich overjoyed, extremely happy **befehlen** (h.) (a, o) to command, to give an order

30 **holen** (h.) to get **Daniel aus der Löwengrube zu holen** to get Daniel out of the den of lions **einen heraufziehen** (h.) (o, o) to pull someone up

¹⁵Der König war traurig, daß es gerade Daniel treffen sollte, und er wollte ihn retten. Den ganzen Tag über suchte er nach einem Ausweg.

¹⁶Aber bei Sonnenuntergang kamen die Ankläger wieder zu ihm und hielten ihm vor: „Du weißt, König: Es ist ein 5 Gesetz der Meder und Perser, daß kein Erlaß des Königs widerrufen werden kann."

¹⁷Nun mußte König Darius den Befehl geben, Daniel herzubringen und in die Löwengrube zu werfen. Er sagte zu Daniel: „Möge dein Gott, den du so treu verehrst, dich 10 retten."

¹⁸Ein Stein wurde auf die Öffnung der Grube gewälzt und mit dem Siegel des Königs und seiner höchsten Beamten versiegelt, damit niemand Daniel befreien und die Vollstreckung des Urteils verhindern konnte. 15

¹⁹Danach ging der König in seinen Palast. Er rührte an diesem Abend kein Essen an und versagte sich jede Unterhaltung. Er konnte die ganze Nacht keinen Schlaf finden.

²⁰Beim ersten Morgengrauen stand er auf, lief zur Löwengrube 20

²¹und rief schon von ferne voller Angst: „Daniel, du Diener des lebendigen Gottes, hat dich dein Gott, den du so treu verehrst, vor den Löwen retten können?"

²²Daniel antwortete: „König, mögest du ewig leben!

²³Mein Gott sandte seinen Engel und verschloß den Löwen 25 den Rachen, so daß sie mir nichts antun konnten. Denn er hat keine Schuld an mir gefunden, und auch gegen dich, mein König, habe ich kein Unrecht begangen."

²⁴Der König war überglücklich und befahl, Daniel aus der Löwengrube zu holen. Daniel wurde heraufgezogen. Er 30

141

völlig completely **unverletzt** unhurt **Er war völlig unverletzt geblieben**
here, He had been completely unhurt **vertrauen** (h.) to trust

anzeigen (h.) to accuse
samt along with
35 **einen hinunterwerfen** (h.) (a, o) to throw someone down **der Boden** here,
the bottom **berühren** (h.) to touch
über einen herfallen (s.) (ie, a) to attack someone **zermalmen** (h.) to crush
der Knochen (-) bone

darauf after that **schreiben an** (h.) (ie, ie) to write to **die Menschen** (pl.)
the people
die Nation (-en) nation
das Volk (⸚er) race, people, tribe **die Sprache** (-n) language **die Erde**
earth **Glück und Frieden euch allen!** here, Happiness and peace to all
of you!
41 **hiermit** herewith, hereby **etwas anordnen** (h.) to order to do something **gesamt** whole, entire **das Reich** (-e) kingdom **in meinem gesamten Reich** in my whole kingdom
fürchten (h.) to fear **zittern** (h.) to tremble **und vor ihm zittern** here, and
tremble before him
der lebendige Gott the living God **niemals** never **sterben** (s.) (a, o) to die
unzerstörbar indestructible **die Herrschaft** dominion
45 **das Ende** (-n) end
befreien (h.) to deliver, to liberate **retten** (h.) to save **der Himmel** heaven
das Zeichen (-) sign **die Macht** (⸚e) power

hoch highly **ehren** (h.) to honor **die Herrschaft** reign
50 **der Perserkönig Kyrus** the Persian king Cyrus

war völlig unverletzt geblieben, weil er seinem Gott vertraut hatte.

²⁵Der König aber befahl, die Männer, die Daniel angezeigt hatten, samt ihren Frauen und Kindern zu den Löwen hinunterzuwerfen. Sie hatten noch nicht den Boden berührt, da fielen schon die Löwen über sie her und zermalmten ihnen alle Knochen.

²⁶Darauf schrieb König Darius an die Menschen aller Nationen, Völker und Sprachen auf der ganzen Erde: ,,Glück und Frieden euch allen!

²⁷Hiermit ordne ich an: In meinem gesamten Reich soll man den Gott Daniels fürchten und vor ihm zittern; denn er ist der lebendige Gott und wird niemals sterben. Sein Reich ist unzerstörbar, und seine Herrschaft nimmt kein Ende.

²⁸Er kann befreien und retten; am Himmel und auf der Erde sieht man die Zeichen seiner Macht. Er hat Daniel aus dem Rachen der Löwen befreit."

²⁹Daniel wurde aber hoch geehrt während der Herrschaft des Darius und auch unter der Herrschaft des Perserkönigs Kyrus.

Exercises

A. Select the most accurate translation of the italicized words or fill in the blank:

1. *Den ganzen Tag über suchte er nach einem Ausweg.* (v. 15)
   a. All day long he looked for a way out.
   b. All day long he looks for a way out.
   c. All day long he had looked for a way out.
   d. All day long he would look for a way out.

2. Es ist ein Gesetz der Meder und Perser, *daß kein Erlaß des Königs widerrufen werden kann.* (v. 16)
   a. ... that a decree of the king can be revoked.
   b. ... that a decree of the king is revoked.
   c. ... that no decree of the king could be revoked.
   d. ... that no decree of the king can be revoked.

3. *Ein Stein wurde auf die Öffnung der Grube gewälzt.* ... (v. 18)
   a. A stone had been rolled on the top of the mouth of the den. ...
   b. A stone was rolled on top of the mouth of the den. ...
   c. Stones were rolled on top of the mouth of the den. ...
   d. Stones had been rolled on top of the mouth of the den. ...

4. *Er konnte die ganze Nacht keinen Schlaf finden.* (v. 19)
   a. All night he found no sleep.
   b. All night he found sleep.
   c. All night he could find no sleep.
   d. All night he would find sleep.

5. Mein Gott sandte seinen Engel *und verschloß den Löwen den Rachen.* ... (v. 23)
   a. ... and will shut the lions' mouth. ...
   b. ... and had to shut the lion's mouth. ...

c. ... and must shut the lion's mouth. ...

d. ... and shut the lions' mouth. ...

6. ... *weil er seinem Gott vertraut hatte.* (v. 24)

a. ... because he had trusted in his God.

b. ... because he trusts in his God.

c. ... because he will trust in his God.

d. ... because he trusted in his God.

7. ... *die Männer, die Daniel angezeigt hatten.* ... (v. 25)

a. ... the man who had accused Daniel. ...

b. ... the man who would accuse Daniel. ...

c. ... the men who had accused Daniel. ...

d. ... the men who would accuse Daniel. ...

8. ... *und zermalmten ihnen alle Knochen.* (v. 25)

a. ... and had crushed all their bones.

b. ... and crushed all their bones.

c. ... and will crush their bones.

d. ... and crushed their bones.

9. ... *denn er ist der lebendige Gott und wird niemals sterben.* (v. 27)

a. ... for he is the living God and will never die.

b. ... for he is God.

c. ... for he will always be God.

d. ... for he is God and will never die.

10. Daniel wurde aber hoch geehrt während der Herrschaft des _____. (v. 29)

a. Artaxerxes

b. Salmanassar

c. Darius

d. Nebuchadnezar

B. Answer the following questions:

1. Warum war der König traurig?

2. Wonach suchte der König den ganzen Tag?

3. Was kann nicht widerrufen werden?

4. Wohin hat man Daniel geworfen?
5. Was sagte der König zu Daniel?
6. Warum wurde die Öffnung der Grube versiegelt?
7. Wann stand der König auf?
8. Warum ist der König überglücklich?
9. Wer wurde von den Löwen getötet?
10. Was bedeutet der Gott Daniels für den König jetzt?

PART 2

Selections
from Theologians

16

Der Glaube allein

Martin Luther

Martin Luther was born in Eisleben on November 10, 1483. He received a doctorate in theology from the University of Wittenberg in 1512. His Ninety-five Theses attacking the sale of indulgences were nailed to the castle church at Wittenberg on October 31, 1517. For him, repentance was an inward process of the soul and not a meaningless outward gesture.

Three of his pamphlets, *An Address to the Christian Nobility of the German Nation*, *The Babylonian Captivity of the Church*, and *The Freedom of a Christian* became primary documents of the Reformation. They called for new standards for both society and the individual, standards based on true biblical principles.

After his break with the Catholic Church at the Diet of Worms in 1521, Luther started his greatest literary work, the translation of the Bible into German. It was completed in 1534 and was instrumental in shaping the modern German language.

True to his conviction, he married Katharina von Bora in 1525 and spent the rest of his life in organizing and strengthening the new church. When he died on February 18, 1546, he was already recognized as a major figure in the history of Christianity and the world.

From Martin Luther, *Von der Freiheit eines Christenmenschen* (Stuttgart: Reclam Verlag, 1976 reprint), p. 129.

Wie geht es aber zu But how is it **der Glaube** faith **allein** alone **können** (h.) (o, o) to be able, can **fromm** religious, pious, good **ohne alle Werke** apart from any works **überschwenglich** exceeding, boundless **der Reichtum** (-̈er) wealth **geben** (h.) (a, e) to give **obgleich** although **doch** however **soviel[e]** so many **das Gesetz** (-e) law **das Gebot** (-e) commandment **das Werk** (-e) work **der Stand** (-̈e) position, situation **die Weise** (-n) way, manner **vorschreiben** (h.) (ie, ie) to prescribe

5   **die Schrift** Scriptures **Hier ist fleißig zu merken** Here we must be sure to note **stets** always **mit Ernst** seriously, in earnest **festhalten** (h.) (ie, a) to adhere to **ohn[e]** without **frei** free **selig** blessed **wie** as **hernach** later **ausführlicher** more fully **hören** (h.) to hear **müssen** (h.) (u, u) to have to, must **man** we, one **wissen** (h.) (u, u) to know **ganz** whole, entire, all of **die Heilige Schrift** Holy Scripture **zweierlei** different, twofold, of two kinds, two kinds of **Wort[e]** words **teilen** (h.) to divide

10   **die Verheißung** promise **die Zusagung** promise, covenant, invitation **lehren** (h.) to teach **mancherlei** many, various **aber** but **damit** with that **noch nicht** not yet **geschehen** (s.) (a, e) to be done, to be fulfilled **weisen** (h.) (ie, ie) to point out, to show **wohl** to be sure **helfen** (h.) (a, o) to help **was man tun soll** what we ought to do **dazugeben** (h.) (a, e) to contribute (to it), to add; here, to give, to provide **die Stärke** strength, power **darum** therefore **nur** only **dazu** for this purpose **bestimmt** here, appointed

15   **drin [darin]** in them **sehen** (h.) (a, e) to see **sein** his **das Unvermögen** incapacity **zu dem Guten** for goodness **lernen** (h.) to learn **an sich selbst verzweifeln** to doubt himself, to despair of himself **heißen** (h.) (ie, ei) to be called **das Alte Testament** the Old Testament **gehören** (h.) to belong to **beweisen** (h.) (ie, ie) to show, to prove **böse** evil, sinful **die Begierde** (-n) desire, lust **allesamt** altogether, all together **der Sünder** (-) sinner

20   **vermögen** (h.) (o, o) to have the power, to be able **sein** (s.) (war, gewesen) to be **tun** (h.) (a, a) to do **was** what **wollen** (h.) (o, o) will, to want to, to like **er tue, was er will** let him do, what he may **daraus** from that **selbst** himself **an sich selbst verzagen** to despair of himself, to lose heart **anderswo** elsewhere **die Hilfe** (-n) help **suchen** (h.) to seek **sei** may be **erfüllen** (h.) to fulfil **durch einen anderen** through another **aus** from, of, by **aus sich selbst** of himself

24   **alle anderen Gebote** all other commandments **unmöglich** impossible

Wie geht es aber zu, daß der Glaube allein kann fromm machen und ohne alle Werke so überschwenglichen Reichtum geben, obgleich doch soviel Gesetze, Gebote, Werke, Stände und Weisen uns vorgeschrieben sind in der Schrift? Hier ist fleißig zu merken und stets mit Ernst 5 festzuhalten, daß allein der Glaube ohn alle Werke fromm, frei und selig macht, wie wir hernach ausführlicher hören werden, und muß man wissen, daß die ganze Heilige Schrift wird in zweierlei Wort geteilt, die sind: Gebot oder Gesetz Gottes und Verheißung oder Zusagung. Die Gebote 10 lehren und schreiben uns vor mancherlei gute Werke, aber damit sind sie noch nicht geschehen. Sie weisen wohl, sie helfen aber nicht lehren, was man tun soll, geben aber keine Stärke dazu. Darum sind sie nur dazu bestimmt, daß der Mensch drin sehe sein Unvermögen zu dem Gu- 15 ten und lerne, an sich selbst verzweifeln, und darum heißen sie auch das Alte Testament und gehören alle ins Alte Tes- tament. So beweist das Gebot: „Du sollst nicht böse Be- gierde haben", daß wir allesamt Sünder sind und kein Mensch vermag zu sein ohne böse Begierde, er tue, was 20 er will. Daraus lernt er an sich selbst verzagen und an- derswo Hilfe zu suchen, daß er ohne böse Begierde sei und so das Gebot erfülle durch einen anderen, was er aus sich selbst nicht vermag. So sind auch alle anderen Ge- bote uns unmöglich. 25

Exercises

A. Select the most accurate translation of the italicized words or fill in the blank:

1. Wie geht es aber zu, *daß der Glaube allein kann fromm machen* . . . ? (l. 1)
   a. . . . that faith makes better . . . ?
   b. . . . that faith makes one good . . . ?
   c. . . . that faith alone can make us better . . . ?
   d. . . . that faith alone can make one good . . . ?
2. . . . *und* ohne alle Werke *so überschwenglichen Reichtum geben.* . . . (l. 2)
   a. . . . and give such exceeding wealth. . . .
   b. . . . and give much exceeding wealth. . . .
   c. . . . and give wealth exceedingly. . . .
   d. . . . and give much wealth. . . .
3. . . . *daß allein der Glaube* ohn alle Werke *fromm, frei und selig macht.* . . . (l. 6)
   a. . . . that faith will make pious, free, and blessed. . . .
   b. . . . that faith makes pious, free, and blessed. . . .
   c. . . . that faith alone makes pious, free, and blessed. . . .
   d. . . . that faith alone will make pious, free, and blessed. . . .
4. . . . *wie wir hernach ausführlicher hören werden.* . . . (l. 7)
   a. . . . when we will hear later more fully. . . .
   b. . . . how we will hear later more fully. . . .
   c. . . . if we will hear later more fully. . . .
   d. . . . as we will hear later more fully. . . .
5. . . . daß *die ganze Heilige Schrift* wird in zweierlei Wort geteilt. . . . (l. 8)
   a. . . . Holy Scripture. . . .
   b. . . . all of Holy Scripture. . . .
   c. . . . Scriptures. . . .
   d. . . . some of Holy Scripture. . . .

6. . . . in *zweierlei Wort.* . . . (l. 9)
   a. . . . two kinds of words. . . .
   b. . . . similar words. . . .
   c. . . . several words. . . .
   d. . . . many words. . . .

7. Die Gebote lehren und schreiben uns vor *mancherlei gute Werke.* . . . (l. 10)
   a. . . . several good works. . . .
   b. . . . specific good works. . . .
   c. . . . many good works. . . .
   d. . . . some good works. . . .

8. . . . *geben aber keine Stärke dazu.* (l. 13)
   a. . . . but give us the power to do it.
   b. . . . but gave us the power to do it.
   c. . . . but give us no power to do it.
   d. . . . but gave us no power to do it.

9. *Darum sind sie nur dazu bestimmt,* daß. . . . (l. 14)
   a. Therefore they are appointed only for the purpose that. . . .
   b. Therefore they were appointed only for the purpose that. . . .
   c. Therefore they have been made for the purpose that. . . .
   d. Therefore they were given for the purpose that. . . .

10. . . . daß der Mensch drin sehe —————. (l. 15)
   a. seine Stärke
   b. seinen Glauben
   c. sein Vermögen
   d. sein Unvermögen

B. Answer the following questions:

1. Was kann der Glaube?
2. Was ist uns in der Schrift vorgeschrieben?
3. Was allein macht uns fromm, frei und selig?

153

4. In welche Teile wird die ganze Heilige Schrift geteilt?

5. Was lehren uns die Gebote?

6. Wo findet man die Gebote?

7. Was beweist das Gebot „Du sollst nicht böse Begierde haben"?

8. Was geschieht dann mit dem Menschen?

9. Was braucht der Mensch?

10. Was ist uns auch unmöglich?

17

Johannes 1, 29

Adolf Schlatter

Adolf Schlatter was born in St. Gallen (Switzerland) on August 16, 1852, and studied theology at the Universities of Basel and Tübingen from 1871 to 1875. From 1875 to 1880 he served as a minister in Zürich and also in the Lake Constance area. During this time a friend introduced him to the work of Franz Baader (1765–1841). Schlatter was so impressed that he used Baader's systematic approach to theology as a model in expressing his own faith, biblical and historical interests, and joy in nature.

From 1880 to 1888 Schlatter was a university lecturer at the University of Basel. In 1885 he published his first work, *Faith in the New Testament*, and in 1886 he started his New Testament commentaries for Christian laymen. Eventually, they encompassed the entire New Testament and represent today a classic historical and theological interpretation of Scripture.

In 1888 Schlatter accepted a position at the University of Greifswald as a professor of New Testament studies; in 1893 he went to Berlin as a professor of systematic theology and New Testament. Four years later he was called to the University of Tübingen where he taught New Testament theology until 1930. He died on May 19, 1938.

From Adolf Schlatter, *Der Evangelist Johannes* (Stuttgart: Calwer Verlag Stuttgart, 1975), pp. 48–49. © 1930, ⁴1975 by Calwer Verlag Stuttgart. Reprinted by permission.

das **Stück** (-e) part   **jüdisch** Jewish   der **Gottesdienst** divine service, public worship
werden (s.) (u, o) to become   **neu geworden sei** has become new
das **Opfer** (-) sacrifice   **menschlich** human
die **Verschuldung** indebtedness, guilt   **vor allem** above all   die **Heilung** healing   **bedürfen** (h.) (u, u) to need, to require

5   sich **ergeben** (h.) (a, e) to surrender, to yield   sich **ergeben aus** to arise out of, to be the result or consequence of   die **Lage** (-n) situation   die **Taufpredigt** baptismal sermon
entstehen (s.) (a, a) to begin, to arise   die **Buße** repentance   die **Vergebung** forgiveness
die **Rede** (-n) talk, speech   **bekommen** (h.) (a, o) to get, to receive   die **Frage nach dem Opfer** the question regarding sacrifice
das **Gewicht** (-e) weight   **groß** tall, big, great   das **größte Gewicht** the greatest weight   **auf etwas folgen** (s.) to follow, to come after something   **Auf das Opfer folgt der Tempel** After the sacrifice comes the temple
der **Sabbat** Sabbath   die **Schrift** Scripture   **heilig** holy   das **heilige Mahl des Pascha** (=des Passahs) the holy Passover meal
10   die **Gemeinde** (-n) congregation, community   **göttlich** divine
das **Gebot** (-e) commandment   die **Sünde** (-n) sin
sprechen (h.) (a, o) to speak, to talk, to discuss   **Nicht von der Sünde der Juden . . . wird gesprochen** It is not the sin of the Jews that is discussed
der **Gerechte** righteous, just   das **Volk** (-̈er) nation   **unterscheiden** (h.) (ie, ie) to distinguish
in weiter Entfernung at a great distance
15   **unter einem stehen** to be below a person   der **Sünder** (-) sinner
die **Beseitigung** removal   die **Schuld** guilt
erhöhen (h.) to raise, to exalt   die **ihn über alle anderen erhöhte** which would raise him above everyone else   das **Urteil** verdict   **anklagen** (h.) to accuse   **entschuldigen** (h.) to excuse
zugleich at the same time   der **Anspruch** (-̈e) claim   **über** above   die **Menschheit** mankind   **über die Menschheit erhöht zu sein** to be raised (or exalted) above mankind
abweisen (h.) (ie, ie) to reject
20   **besonder** particular, special   die **Verdorbenheit** corruption, depravity   **legen** (h.) to lay, to place   **einem etwas zur Last legen** to accuse someone of something, to lay something to someone's charge
nehmen (h.) (a, o) to take   die **der Christus von ihm nimmt** which Christ takes from him   **überall** everywhere
menschlich human
einteilen (h.) to classify, to divide

25   **fehlen** (h.) to be missing   **ganz** entirely, completely
brauchen (h.) to need, to require   **darum** therefore   **erscheinen** (s.) (ie, ie) to appear   **bei Johannes** in John
der **Zöllner** tax collector, publican   **kein „verlorener Sohn"** no "Prodigal Son"
der **Rabbi** rabbi   **neben** next to   **stellen** (h.) to place   **einen so stellen** to place someone in such a way
beide both   **einander** each other   **gleichen** (h.) (i, i) to resemble   **widerstreben** (h.) to resist   **in derselben Weise** in the same way
30   **empfangen** (h.) (i, a) to receive   die **Verheißung** promise

156

Das erste Stück des jüdischen Gottesdiensts, von dem
Johannes sagt, daß es neu werden mußte und durch Jesus
neu geworden sei, ist das Opfer. Denn die menschliche
Verschuldung ist vor allem das, was der Heilung bedarf.
Dies ergab sich schon aus der Lage, die durch die Tauf- 5
predigt entstanden war. Wenn von Buße und Vergebung
die Rede ist, bekommt die Frage nach dem Opfer das
größte Gewicht. Auf das Opfer folgt der Tempel 2,19; 4,21,
der Sabbat 5,17, die Schrift 5,39. 47, das heilige Mahl des
Pascha 6,4, die heilige Gemeinde 10,1 und das gött- 10
liche Gebot 13,34. Nicht von der Sünde der Juden, sondern von „Der Sünde der Welt" wird gesprochen, weil der
Jude nicht als der Gerechte von den anderen Völkern unterschieden wird. Diese stehen nicht in weiter Entfernung
unter ihm als die Sünder, und sein Opfer bringt ihm nicht 15
eine Beseitigung seiner Schuld, die ihn über alle anderen
erhöhte. Dieses Urteil klagt den Juden an und entschul-
digt ihn zugleich. Sein Anspruch, über die Menschheit
erhöht zu sein, ist abgewiesen; es wird ihm aber auch
keine besondere Verdorbenheit zur Last gelegt. Seine 20
Schuld, die der Christus von ihm nimmt, ist die, die überall im menschlichen Leben entsteht. Weil Johannes von
der Sünde der Welt spricht, hat er die Gemeinde nicht in
δίκαιοι [=the just] und ἁμαρτωλοί [=sinners] eingeteilt.
Das jüdische δίκαιος [=just] fehlt ganz und ἁμαρτωλός 25
[=sinner] brauchen nur die Juden. Darum erscheint bei
Johannes kein Zöllner, kein „verlorener Sohn". Er hat den
Rabbi Nikodemus so neben die Samariterin gestellt, daß
beide einander gleichen. Sie widerstreben Jesus in derselben Weise und empfangen von ihm dieselbe Verheißung. 30

157

der Täufer John the Baptist
wegnehmen (h.) (a, o) to take away   **das Licht** (-er) light   **die Botschaft**
   (-en) message   **bringen** (h.) (a, a) to bring
dadurch thus   **zeigen** (h.) to show   **die Taufe** baptism
bußfertig contrite, penitent, repentant   **die Umkehr** conversion   **nah**
   close   **das Himmelreich** (kingdom of) heaven
35   **für die, die doch nichts anderes waren** for those who were, after all, nothing
   else

Damit, daß der Täufer sagte, daß Jesus die Schuld von der Welt wegnehme, hat er Licht in seine Botschaft gebracht, weil er dadurch zeigte, wie es eine Taufe geben könne und bußfertige Umkehr und ein nahes Himmelreich für die, die doch nichts anderes waren und hatten 35 als das, was die Welt allen gibt.

Exercises

A. Select the most accurate translation of the italicized words or fill in the blank:

1. Denn die menschliche Verschuldung *ist vor allem das, was der Heilung bedarf.* (l. 3)
   a. ... is above all that which needs healing.
   b. ... is clearly that which needs healing.
   c. ... is hardly that which needs healing.
   d. ... is basically that which needs healing.

2. *Wenn von Buße und Vergebung die Rede ist,* bekommt die Frage nach dem Opfer das größte Gewicht. (l. 6)
   a. If no one talks about repentance and forgiveness. . . .
   b. If one talks about repentance and forgiveness. . . .
   c. If one talked about repentance and forgiveness. . . .
   d. After one talks about repentance and forgiveness. . . .

3. ... weil der Jude *nicht* als der Gerechte von den anderen Völkern *unterschieden wird.* (l. 12)
   a. ... was not distinguished.
   b. ... had not been distinguished.
   c. ... will not be distinguished.
   d. ... is not distinguished.

4. ... und sein Opfer bringt ihm nicht eine Beseitigung *seiner Schuld.* (l. 15)
   a. ... his guilt.
   b. ... its guilt.
   c. ... of his guilt.
   d. ... of its guilt.

5. ... *es wird ihm* aber auch keine besondere Verdorbenheit *zur Last gelegt.* (l. 19)
   a. ... it is accused.

b. ... he is accused.

c. ... it will be accused.

d. ... he will be accused.

6. Weil Johannes *von der Sünde der Welt* spricht. ...
   (l. 22)

   a. ... of the sin of the world. ...

   b. ... by the sin of this world. ...

   c. ... from the sin of our world. ...

   d. ... to the sin of the world. ...

7. ... *fehlt ganz.* ... (l. 25)

   a. ... was completely missing. ...

   b. ... had been completely missing. ...

   c. ... missed completely. ...

   d. ... is completely missing. ...

8. ... *daß beide einander gleichen.* (l. 28)

   a. ... that two resemble it.

   b. ... that both resembled each other.

   c. ... that both resemble each other.

   d. ... that two resemble it.

9. ... *daß Jesus die Schuld von der Welt wegnehme.* ... (l. 31)

   a. ... that Jesus will take away the guilt from the
      world. ...

   b. ... that Jesus had taken away the guilt from
      the world. ...

   c. ... that Jesus has taken away the guilt from the
      world. ...

   d. ... that Jesus would take away the guilt from
      the world. ...

10. Er hat den Rabbi Nikodemus so neben
    _____ gestellt, daß beide einander glei-
    chen. (l. 27)

    a. den verlorenen Sohn

    b. die Samariterin

    c. den Zöllner

    d. Maria aus Magdala

B. Answer the following questions:

1. Was ist das erste Stück des jüdischen Gottesdiensts, das nach Johannes neu werden mußte?
2. Was bedarf der Heilung?
3. Welche Frage bekommt das größte Gewicht, wenn von Buße und Vergebung die Rede ist?
4. Warum wird nicht von der Sünde der Juden, sondern von „Der Sünde der Welt" gesprochen?
5. Was gibt das Opfer dem Juden nicht?
6. Was ist abgewiesen?
7. Welche Schuld nimmt Christus vom Juden?
8. Wer widerstrebt Jesus in derselben Weise und empfängt von ihm dieselbe Verheißung?
9. Was hat der Täufer über Jesus gesagt?
10. Was hat der Täufer gezeigt?

18

Das Reich Gottes bei Hesekiel

Albert Schweitzer

Albert Schweitzer was born on January 14, 1875, in Kaysersberg, Alsace. He grew up near Colmar and studied theology and philosophy in Strasbourg. Even before reaching thirty, he acquired international fame as a New Testament scholar as well as an organist and authority on Johann Sebastian Bach.

Deciding to become a medical missionary in Africa, he studied medicine from 1905 to 1913 at the University of Strasbourg. In 1913 he went to Lambaréné in French Equatorial Africa and built a primitive jungle hospital for the purpose of helping Africans who needed medical attention. He had raised money for this project by giving organ concerts throughout Europe. In 1924 he built a large hospital and a medical station. Through this work, which was characterized by his motto "Reverence for life," he became an internationally known symbol of selfless Christian service.

Schweitzer is also well known as an author. His most important books are the first two volumes of *The Philosophy of Civilization (The Decay and Restoration of Civilization* and *Civilization and Ethics* [1923]), *The Quest of the Historical Jesus* (1906), *Out of My Life and Thought* (1931), and *From My African Notebook* (1939).

In 1952 Schweitzer received the Nobel Peace Prize. He died peacefully in Lambaréné on September 4, 1965.

From Albert Schweitzer, *Reich Gottes und Christentum* (Tübingen: J. C. B. Mohr [Paul Siebeck], 1967), pp. 10–11. ©1967 by J. C. B. Mohr (Paul Siebeck). Reprinted by permission.

Selections from Theologians

der Vertreter (-) representative **das Prophetentum** prophetism
die Verkündigung (-en) proclamation **sich weit ausspinnende Visionen** broad
elaborate visions
symbolisch symbolic(al) **die Handlung** (-en) action **Bezug nehmen auf** (h.)
(a, o) to refer to
4 **besitzen** (h.) (a, e) to have, to possess **nicht mehr** no longer **ergreifend**
gripping **die Schlichtheit** simplicity

die Priesterschaft priesthood **zugehörend** belonging to
die Wegführung dispersion, dispersal, carrying off, captivity **Babylonien**
Babylonia
wirken als (h.) to act as, to function as **der Mitgefangene** (-n) fellow prisoner

das Empfinden feeling
10 **die Vorstellung** (-en) idea, concept, notion **gerettet** saved **der Rest** (-e)
remnant
als Gott wohlgefälliges Volk as a people pleasing to God **erstehen** (s.) (a, a)
to arise, to rise **in etwas** (dat.) **enthalten sein** to be contained in something
solches such **nämlich** namely, that is, of course **die Bestimmung** destiny
so ist es nicht gut begreiflich here, then it is hard to understand **Böse** bad
persons
Gute good persons **das Gerettetwerden** being saved **wie es sich bei dem**
Gerettetwerden gerade traf as it (just) came with being saved
15 **bestehen aus** (s.) (a, a) to consist of **natürlicher** more natural, more real **die**
Annahme (-n) assumption
sich zusammensetzen aus (h.) to consist of **die Eignung** qualifica-
tion **besitzen** (h.) (a, e) to have, to possess
werden (s.) (u, o) **zu** to become

Diese Anschauung vertritt Hesekiel Ezekiel holds this view **bevorstehend**
coming, approaching
die Eroberung (-en) capture **gehend auf** pointing to
20 **erschauen** (h.) to see, to catch sight of, to lay eyes on

himmlisch heavenly, celestial **das Wesen** (-) being **den Auftrag erteilen**
(h.) to give instructions **durchwandern** (h.) to walk through, to pass through
die Stirne (-n) forehead **seufzen** (h.) to sigh
jammern (h.) to lament, to wail, to moan **der Greuel** (-) abomination **verüben** (h.) to commit
das Zeichen sign **der Beauftragte** (-n) representative
25 **andere** others **befehlen** (h.) (a, o) to order, to command **der Bewohner** (-)
inhabitant
töten (h.) to kill **nur diejenigen** only those **und nur diejenigen am Leben**
zu lassen and let only those live
jenes that **tragen** (h.) (u, a) to carry

anders differently, otherwise **sich denken** (h.) (a, a) to think, to picture, to
conceive, to visualize
das Zustandekommen occurrence **die Errettung** deliverance, rescue **im**
Hinblick auf with regard to
30 **verkünden** (h.) to proclaim **die Belagerten** (pl.) the besieged
hinausgehen (s.) (i, a) to go out

164

Hesekiel ist der erste Vertreter eines Prophetentums, das in seiner Verkündigung auf sich weit ausspinnende Visionen und symbolische Handlungen Bezug nimmt. Es besitzt nicht mehr die ergreifende Schlichtheit eines Amos und eines Jesaja. 5

Der Priesterschaft Jerusalems zugehörend kommt er 597 bei der ersten Wegführung nach Babylonien. Von 593 bis 573 wirkt er als Prophet unter den Mitgefangenen.

Hesekiel hat ein Empfinden von dem Problem, das in der Vorstellung von dem geretteten Reste des Volkes, aus 10 dem es als Gott wohlgefälliges Volk neu erstehen soll, enthalten ist. Ist solches nämlich die Bestimmung dieses Restes, so ist es nicht gut begreiflich, daß er aus Bösen und Guten, wie es sich bei dem Gerettetwerden gerade traf, besteht. Natürlicher ist die Annahme, daß es sich aus 15 Guten zusammensetzt und so die Eignung besitzt zum neuen, Gott wohlgefälligen Volke zu werden.

Diese Anschauung vertritt Hesekiel in einer auf die bevorstehende Eroberung Jerusalems gehende Vision. Er erschaut Gott, wie er in den Straßen der Stadt einem 20 himmlischen Wesen den Auftrag erteilt, sie zu durchwandern und auf die Stirne „der Männer, die da seufzen und jammern über alle Greuel, die in der Stadt verübt werden" ein Zeichen zu machen. Hinter diesem Beauftragten Gottes kommen andere, denen er befiehlt, die Be- 25 wohner zu töten und nur diejenigen am Leben zu lassen, die jenes Zeichen auf der Stirne tragen (Hes. 9, 1–7).

Anders denkt sich zu derselben Zeit Jeremia das Zustandekommen der Errettung. Im Hinblick auf die bevorstehende Eroberung Jerusalems verkündet er den Be- 30 lagerten, daß diejenigen, die hinausgehen, sich den

165

Selections from Theologians

der Chaldäer Chaldean **sich ergeben** (h.) (a, e) to surrender **am Leben bleiben** (s.) (ie, ie) to survive

34 **gleichzeitig** simultaneous **dasselbe Ereignis betreffenden Verkündigungen**
proclamations concerning the same event
einer Sache zugrundeliegen (s.) (a, e) to be the basis of something **liegen
also zwei ganz verschiedene Anschauungen von der Errettung zugrunde**
are thus based on two completely different views about deliverance
vertreten (h.) (a, e) to represent **die einfache** the simple one **gegeben** given
die Tatsache (-n) fact **sich an** (acc.) **etwas halten** (h.) (ie, a) to adhere to
something **zufolge** according to **es handelt sich um etwas** (h.) it is a
question of something, it is about something
die Erwählung election **die Bewahrung** preservation
40 **wohlgefallen** delightful, satisfactory, agreeable **sich ergeben aus** (h.) (a, e)
to result from

die Gesamtpersönlichkeit whole personality, corporate personality
beschäftigen (h.) to concern, to occupy **zugleich** at the same time, together

der Einzelne (-n) individual **einfach** simply
45 **die Heimsuchung** affliction **das Wiederaufleben** revival **an etwas teilhaben** (h.) to participate, to share in something
daran in it
als von Gott gewollt as desired by God **begreifen** (h.) (i, i) to understand,
to conceive, to include **erhalten** (h.) (ie, a) to get, to receive
die Vorstellung the idea
die Zukunftserwartung future expectation

50 **die Geretteten** the saved **der Gefangene** (-n) prisoner, captive
die Schar (-en) group **die Erwählten** the chosen, the elect

befindlich situated **sich Rechenschaft davon geben** (h.) (a, e) to account for
something, to give an account of something
55 **herauskommen** (s.) (a, o) to come out

der Wandel behavior, mode of life **das Tun** action **trösten** (h.) to console,
to comfort
wegen regarding, for **das Unheil** calamity, disaster, harm
bringen (h.) (a, a) to bring

die Idee idea, notion **der Bund** covenant
60 **die Herrschaft** reign **betraut (mit)** entrusted (with) **der Stamm** (¨e) here,
house
nebeneinander side by side, next to one another

166

Chaldäern zu ergeben, am Leben bleiben werden (Jer. 21, 8. 9).

Den gleichzeitigen und dasselbe Ereignis betreffenden Verkündigungen der beiden Propheten liegen also zwei ganz verschiedene Anschauungen von der Errettung zugrunde. Jeremia vertritt die einfache, die sich an die gegebenen Tatsachen hält. Hesekiel zufolge handelt es sich bei der Errettung um eine Erwählung und Bewahrung durch Gott, aus der sich ein ihm wohlgefallener Rest des Volkes ergeben soll.

Die älteren Propheten sind nur mit der Gesamtpersönlichkeit des Volkes beschäftigt, Hesekiel zugleich mit den Einzelnen. Er kann diesen nicht mehr einfach an der Heimsuchung und dem Wiederaufleben des Volkes teilhaben lassen, sondern muß die Art, in der sie daran teilhaben, als von Gott gewollt begreifen. So erhält durch ihn die Vorstellung der individuellen Bewahrung ihren Platz in der Zukunftserwartung.

Die Geretteten, die aus Jerusalem als Gefangene nach Babylonien kommen, sind für ihn eine Schar von Erwählten. Die von der ersten Wegführung her schon in Babylonien befindlichen Gefangenen aus Judäa werden sich Rechenschaft davon geben.

„Diese werden da nun zu euch herauskommen, und ihr werdet ihren Wandel und ihr Tun sehen und werdet getröstet werden wegen des Unheils, das ich über Jerusalem gebracht habe" (Hes. 14, 22).

Die Idee des neuen Bundes und die des von Gott mit der Herrschaft betrauten Königs aus Davids Stamm finden sich bei Hesekiel wie bei Jeremia nebeneinander.

167

Exercises

A. Select the most accurate translation of the italicized words or fill in the blank:

1. *... das in seiner Verkündigung auf sich weit ausspinnende Visionen und symbolische Handlungen Bezug nimmt.* (l. 2)
   a. ... which refers in its proclamation to broad elaborate visions and symbolic actions.
   b. ... which refer in their proclamations to broad elaborate visions and symbolic actions.
   c. ... which will refer in its proclamation to a broad elaborate vision and symbolic action.
   d. ... which refers to a broad vision and symbolic action.

2. *Der Priesterschaft Jerusalems zugehörend kommt er 597 bei der ersten Wegführung nach Babylonien.* (l. 6)
   a. Belonging to the priesthood of Jerusalem he came to Babylonia during the first exile in 597.
   b. Belonging to the priesthood of Jerusalem he comes in 597 to Babylon.
   c. Belonging to the priesthood of Jerusalem he had to come in 597 to Babylon during the first exile.
   d. Belonging to the priesthood of Jerusalem he comes to Babylonia during the first exile in 597.

3. Hesekiel hat ein Empfinden von dem Problem, *das in der Vorstellung von dem geretteten Reste des Volkes ... enthalten ist.* (l. 9)
   a. ... that was contained in the idea of the saved remnant of the people.
   b. ... that is contained in the idea of the saved remnant of the people.
   c. ... that will be contained in the idea of a saved remnant of the people.

   d. ... that is contained in the idea of saved remnants of people.

4. ... *daß er aus Bösen und Guten ... besteht.* (l. 13)
   a. ... that it consisted of bad and good persons.
   b. ... that it consists of some good and bad persons.
   c. ... that it consists of bad and good persons.
   d. ... that it will consist of some bad and good persons.

5. ... *wie er in den Straßen der Stadt einem himmlischen Wesen den Auftrag erteilt.* ... (l. 20)
   a. ... as he gives instructions to a heavenly being in the streets of the city. ...
   b. ... as he gave instructions to a heavenly being in the streets of the city. ...
   c. ... as he gives many instructions to heavenly beings in the streets of the city. ...
   d. ... as he gives instructions to a heavenly being in the street of that city. ...

6. ... *der Männer, die da seufzen und jammern über alle Greuel.* ... (l. 22)
   a. ... of the man who sighs and laments over all the abomination. ...
   b. ... of the men who sigh and lament over all the abominations. ...
   c. ... the men who lament and sigh over all the abominations. ...
   d. ... the man who sighs and laments over the abomination. ...

7. ... *die Bewohner zu töten und nur diejenigen am Leben zu lassen.* ... (l. 25)
   a. ... to kill the inhabitants and let you live. ...
   b. ... to kill the inhabitants and let no one live. ...
   c. ... to kill all inhabitants and let those live. ...
   d. ... to kill the inhabitants and let only those live. ...

8. ... *daß diejenigen, die hinausgehen, sich den Chaldäern zu ergeben.* ... (l. 31)
   a. ... that he who goes out to surrender to the Chaldeans. ...
   b. ... that anyone who goes out to surrender to a Chaldean. ...
   c. ... that those who go out to surrender to the Chaldeans. ...
   d. ... that they must go out and surrender to a Chaldean. ...

9. *Die Geretteten ... sind für ihn eine Schar von Erwählten.* (l. 50)
   a. The saved ... is the chosen one.
   b. The saved ... are a group of chosen ones for him.
   c. The saved ... will be the chosen ones.
   d. The saved ... are a group of chosen ones for them.

10. Die Idee des neuen Bundes und die des von Gott mit der Herrschaft betrauten Königs aus Davids Stamm finden sich bei _____ wie bei _____ nebeneinander. (l. 59)
    a. Amos/Maleachi
    b. Daniel/Micha
    c. Hesekiel/Jeremia
    d. Hosea/Habakuk

B. Answer the following questions:

1. Was für ein Prophetentum vertritt Hesekiel?

2. Wann kam er nach Babylonien?

3. Was für ein Problem empfindet Hesekiel?

4. Welche Annahme ist natürlicher?

5. Was sieht Hesekiel in einer Vision?

6. Wie denkt sich Jeremia das Zustandekommen der Errettung?

7. Womit sind die älteren Propheten beschäftigt?
8. Womit ist Hesekiel zugleich beschäftigt?
9. Wie sieht Hesekiel die Gefangenen in Babylonien?
10. Bei wem findet man die Idee des neuen Bundes und die des von Gott mit der Herrschaft betrauten Königs aus Davids Stamm nebeneinander?

19

Die Liebe

Karl Barth

Karl Barth was born in Basel on May 10, 1886, and studied theology and philosophy at the Universities of Bern, Berlin, Tübingen, and Marburg. In 1911 he was appointed minister at Safenwil in Aargau Canton in Switzerland.

After publication of a commentary on Paul's letter to the Romans (1919), Barth was called to the University of Göttingen in 1921, the University of Münster in 1925, and the University of Bonn in 1930. In the meantime, he had become the leading voice in the growing movement of dialectic theology.

In 1933 Barth opposed the Nazi-supported German Christians and became the spiritual leader of the Confessing Church. Because of his refusal to take an oath of allegiance to Hitler, he was dismissed in 1935 from the University of Bonn. He went back to Switzerland, where he taught theology at the University of Basel. His major publication *Die kirchliche Dogmatik* (13 volumes) represents one of the greatest achievements of systematic theology in the twentieth century. He died on December 9, 1968.

From Karl Barth, *Die kirchliche Dogmatik* III. 2, 4th ed. (Zürich: Theologischer Verlag Zürich, 1979), pp. 408–09. ©⁴1979 by Theologischer Verlag Zürich. Reprinted by permission.

Selections from Theologians

anfangen (h.) (i, a) to begin
endigen (h.) to end   **sofern** so far as

Es gibt nichts Früheres, Vorangehendes There is nothing earlier, (nothing)
   preceding
der Christ (-en) Christian
5 **zuvor** beforehand

der Glaube faith, belief   **vorangehen** (s.) (i, a) to precede   **indem** in that,
   during the time that

11 **in jenen Stand versetzt** put into that state (or condition)
der Boden (⁻) ground   **das Sein** existence, life

unter den Füßen wegziehen (h.) (o, o) to pull out from under the feet
suchen (h.) to seek, to search for

16 **sich bewähren** (h.) to stand the test, to prove true
die Einbildung illusion, imagination   **wirklich** really, actually

kein Hinauskommen über die Liebe no getting beyond love
kein höheres und besseres Sein und Tun no higher and better existence (life)
   and conduct
20 **auf irgendeiner Stufe** on any level

immer wieder again and again, time after time
was er jemals tun oder lassen kann und wird that he ever can and will do
   or not do
entscheidend decisively   **immer nur** just   **nach ihr gefragt sein** to be asked
   for it (love)

das Wesen des christlichen Lebens the essence of the Christian life
25 **denkbar** conceivable   **die Beziehung** (-en) context
das allein Gute in jeder Hinsicht the only thing which is good in every
   respect
vor Gott before God

Mit der Liebe fängt das christliche Leben an, mit der Liebe endigt es auch, sofern es als menschliches Leben in der Zeit ein Ende hat. Es gibt nichts Früheres, Vorangehendes, was der Mensch als Christ, oder um Christ zu werden, zuvor sein oder tun müßte oder könnte. Auch der 5 Glaube geht ja der Liebe nicht voran, sondern indem der Mensch zum Glauben kommt, beginnt er auch zu lieben. Begänne er nicht zu lieben, so wäre er auch nicht zum Glauben gekommen. Glaube ist ja Glaube an Jesus Christus. Glaubt der Mensch, dann ist er also eben damit, daß 10 er das tut, in jenen Stand versetzt, in welchem ihm jeder Boden, der nicht der des Seins in der Liebe zu Gott in Christus wäre, unter den Füßen weggezogen ist: er kann nicht mehr da sein, ohne Gott zu suchen. Wäre dem nicht so, dann wäre er auch nicht zum Glauben gekommen. 15 Und indem dem so ist, bewährt es sich, daß sein Glaube keine Einbildung ist, daß wirklich er selbst, der Mensch, glaubt. Es gibt aber auch kein Hinauskommen über die Liebe, kein höheres und besseres Sein und Tun, in welchem wir sie auf irgendeiner Stufe hinter uns lassen könn- 20 ten. Der Mensch wird als Christ immer wieder nach ihr und in allem, was er jemals tun oder lassen kann und wird, entscheidend immer nur nach ihr gefragt sein.

Die Liebe ist das Wesen des christlichen Lebens; sie ist aber auch in allen denkbaren Beziehungen seine „conditio 25 sine qua non", das allein Gute in jeder Hinsicht, in der sein Tun oder Lassen vor Gott gut sein kann.

Exercises

A. Select the most accurate translation of the italicized words or fill in the blank:

1. Es gibt nichts Früheres, Vorangehendes, *was der Mensch . . . zuvor sein oder tun müßte oder könnte.* (l. 3)

   a. . . . which man . . . will be or do beforehand.

   b. . . . which man . . . must or could be or do beforehand.

   c. . . . which man . . . could be or must do beforehand.

   d. . . . which man . . . could or must be or do beforehand.

2. Auch der Glaube geht ja der Liebe nicht voran, *sondern indem der Mensch zum Glauben kommt, beginnt er auch zu lieben.* (l. 5)

   a. . . . rather in that the man to faith came, he began also to love.

   b. . . . rather in that man comes to faith, he begins to love.

   c. . . . rather in that man comes to believe, he also begins to love.

   d. . . . rather in that the man must believe, he must also begin to love.

3. *Er kann nicht mehr da sein, ohne Gott zu suchen.* (l. 13)

   a. Without searching for God, he cannot be there.

   b. He can no longer exist without searching for God.

   c. He cannot be there without God's search.

   d. Without searching for God, he cannot exist.

4. Und indem dem so ist, bewährt es sich, *daß sein Glaube keine Einbildung ist, daß wirklich er selbst, der Mensch, glaubt.* (l. 16)

   a. . . . that his faith is an illusion, that he really himself, man, believes.

b. ... that his faith is no illusion, that he himself, man, really believes.

c. ... that his belief is an illusion, that really he himself, the man, believes.

d. ... that his belief was no illusion, that he himself, man, really believed.

5. *Es gibt aber auch kein Hinauskommen über die Liebe.* ... (l. 18)

a. But there is no coming out over the love. ...

b. There is no way to get beyond love. ...

c. But there is also no getting beyond love. ...

d. It gives also no way to come out over love. ...

6. *Mit der Liebe fängt das christliche Leben an.* ... (l. 1)

a. The Christian life starts with love. ...

b. The Christian life started with love. ...

c. The Christian life will start with love. ...

d. The Christian life must start with love. ...

7. Es gibt ... kein höheres und besseres Sein und Tun, *in welchem wir sie (Liebe) auf irgendeiner Stufe hinter uns lassen könnten.* (l. 18)

a. ... in which I do not leave it behind on any level.

b. ... in which I leave it behind on all levels.

c. ... in which we leave it behind us on any level.

d. ... in which we could leave it behind us on any level.

8. *Der Mensch wird als Christ immer wieder nach ihr (Liebe)* ... *gefragt sein.* (l. 21)

a. As Christians men are asked for it again and again.

b. As a Christian, man is asked for it again and again.

c. As a Christian, man was asked for it again and again.

177

      d. As a Christian, man will be asked for it again and again.

9. ... *sie ist aber auch in allen denkbaren Beziehungen.* ... (l. 24)
   a. ... it is, however, also in all conceivable contexts....
   b. ... it was, however, also in all conceivable contexts....
   c. ... it is, however, in many conceivable contexts....
   d. ... it was also in a conceivable context....

10. _____ ist das Wesen des christlichen Lebens. (l. 24)
   a. Der Frieden
   b. Die Liebe
   c. Der Glaube
   d. Die Freude

B. Answer the following questions:

1. Womit beginnt und endet das christliche Leben?
2. Was muß der Mensch tun, um Christ zu werden?
3. Was kommt zuerst—Liebe oder Glauben?
4. Warum?
5. In welchen Stand versetzt sich der Mensch, der glaubt?
6. Wie beeinflußt dieser Stand den Glauben des Menschen?
7. Was ist das höchste und beste Sein und Tun?
8. Wonach wird der Christ gefragt in allem, was er tut oder läßt?
9. Welche Rolle spielt die Liebe im christlichen Leben?
10. Worauf besteht das Sein und Tun des Christen vor Gott?

20

Unser Sinn ist in Jesus

Dietrich Bonhoeffer

Dietrich Bonhoeffer was born in Breslau on February 4, 1906, and studied theology in Berlin under Adolf von Harnack and Reinhold Seeberg. He received his doctorate in 1927 and became a professor of theology in 1929. After extensive travels (Barcelona, New York, and London), he taught systematic theology at the University of Berlin.

In 1935 Bonhoeffer was called to be the dean of the seminary of the Confessing Church in Finkenwalde. Because of this appointment the Nazis took away his teaching credentials and finally expelled him from the university. In 1939 he was invited by Reinhold Niebuhr to visit the United States as a guest lecturer. He accepted but returned to Germany after a brief stay.

Back home he joined the resistance movement and was arrested on April 5, 1943. He was kept in Berlin prisons for two years despite inconclusive evidence. On April 9, 1945, he was executed in the concentration camp at Flossenbürg. The letters and diaries he wrote in prison were published under the title *Widerstand und Ergebung* in 1951.

From Dietrich Bonhoeffer, *Widerstand und Ergebung* (Munich: Chr. Kaiser Verlag München, 1951), pp. 196–97. © 1951 by Chr. Kaiser Verlag München. Reprinted by permission.

noch einmal once again **die Losung** (-en) a short daily devotional **sich etwas vornehmen** (h.) (a, o) to consider something, to occupy oneself with something
ankommen auf (s.) (a, o) to depend on
mit Recht justly, with good reason **erwarten** (h.) to expect
erbitten (h.) (a, e) to ask for **ist in Jesus Christus zu finden** is to be found in Jesus Christ
5 **wie wir ihn uns denken** as we imagine him to be

nichts damit zu tun haben to have nothing to do with it
sehr ruhig very quietly
das Handeln activity **das Leiden** suffering **das Sterben** dying
sich in etwas versenken to submerge oneself in something **erkennen** (h.) (a, a) to recognize **verheißen** (h.) (ie, ei) to promise
10 **erfüllen** (h.) to fulfil **gewiß** certain **die Nähe** nearness, proximity

die Gegenwart presence

ganz neu totally new
das Unmögliche the impossible

irdisch earthly **die Macht** (⁀e) power **anrühren** (h.) to touch
15 **die Gefahr** (-en) danger **die Not** (⁀e) trouble

näher nearer, closer **treiben** (h.) (ie, ie) to drive
beanspruchen (h.) to lay claim to, to demand

die Freude (-n) joy, happiness
verbergen (h.) (a, o) to hide **in dem allem** in all of that
19 **die Gemeinschaft** fellowship **in einer Gemeinschaft stehen** to be in a fellowship **tragen** (h.) (u, a) to carry, to sustain **zu all dem** to all of that

Dieses Ja und Amen This yes and amen
fest solid **der Boden** (⁀) ground **immer wieder** time after time

aus dem Auge verlieren (h.) (o, o) to lose sight of
eigentlich properly **sich lohnen** (h.) to be worthwhile **meinen** (h.) to have the opinion **dieser oder jener Mensch** this or that man

25 **der Sinn** (-e) purpose, reason

die Wahrheit truth
würdigen (h.) to deem worthy

dann und nur dann then and only then
Hätte Jesus nicht gelebt Had Jesus not lived
30 **trotz** in spite of

Noch einmal habe ich mir die Losungen vorgenommen und darüber etwas meditiert. Es kommt wohl alles auf das „in Ihm" an. Alles, was wir mit Recht von Gott erwarten, erbitten dürfen, ist in Jesus Christus zu finden. Was ein Gott, so wie wir ihn uns denken, alles tun müßte 5 und könnte, damit hat der Gott Jesu Christi nichts zu tun. Wir müssen uns immer wieder sehr lange und sehr ruhig in das Leben, Sprechen, Handeln, Leiden und Sterben Jesu versenken, um zu erkennen, was Gott verheißt und was er erfüllt. Gewiß ist, daß wir immer in der Nähe und 10 unter der Gegenwart Gottes leben dürfen und daß dieses Leben für uns ein ganz neues Leben ist; daß es für uns nichts Unmögliches mehr gibt, weil es für Gott nichts Unmögliches gibt; daß keine irdische Macht uns anrühren kann ohne Gottes Willen, und daß Gefahr und Not uns 15 nur näher zu Gott treiben; gewiß ist, daß wir nichts zu beanspruchen haben und doch alles erbitten dürfen; gewiß ist, daß im Leiden unsere Freude, im Sterben unser Leben verborgen ist; gewiß ist, daß wir in dem allem in einer Gemeinschaft stehen, die uns trägt. Zu all dem hat Gott 20 in Jesus Ja und Amen gesagt. Dieses Ja und Amen ist der feste Boden, auf dem wir stehen. Immer wieder in dieser turbulenten Zeit verlieren wir aus dem Auge, warum es sich eigentlich zu leben lohnt. Wir meinen, weil dieser oder jener Mensch lebt, habe es auch für uns Sinn zu 25 leben. In Wahrheit ist es aber doch so: Wenn die Erde gewürdigt wurde, den Menschen Jesus Christus zu tragen, wenn ein Mensch wie Jesus gelebt hat, dann und nur dann hat es für uns Menschen einen Sinn zu leben. Hätte Jesus nicht gelebt, dann wäre unser Leben trotz aller anderen 30

181

verehren (h.) to honor **sinnlos** meaningless
vielleicht perhaps, maybe **entschwinden** (s.) (a, u) here, to escape, to elude **manchmal** sometimes **die Bedeutung** purpose, meaning
die Aufgabe (-n) mission, assignment **der Beruf** (-e) occupation, calling
einfach simple **aussprechen** (h.) (a, o) to express

35 **der Begriff** (-e) concept **die Übersetzung** translation **dessen** of that
die Verheißung promise **nennen** (h.) (a, a) to call, to name

Menschen, die wir kennen, verehren und lieben, sinnlos.
Vielleicht entschwindet uns jetzt manchmal die Bedeutung und Aufgabe unseres Berufes. Aber kann man sie
nicht in einfachster Form so aussprechen? Der unbiblische Begriff „Sinnes" ist ja nur eine Übersetzung des- 35
sen, was die Bibel „Verheißung" nennt.

Exercises

A. Select the most accurate translation of the italicized words or fill in the blank:

1. Was ein Gott ... alles tun müßte und könnte, *damit hat der Gott Jesu Christi nichts zu tun.* (l. 5)

   a. ... with that the God of Jesus Christ has nothing to do.

   b. ... with that the God of Jesus Christ had nothing to do.

   c. ... with that the God of Jesus Christ has something to do.

   d. ... with that the God of Jesus Christ had something to do.

2. *Wir müssen uns immer wieder sehr lange und sehr ruhig ... versenken. ...* (l. 7)

   a. We want to immerse ourselves always again for a very long while and very quietly. ...

   b. We could immerse ourselves for a very long while and very quietly time after time. ...

   c. We must immerse ourselves for a very long while and very quietly. ...

   d. We must immerse ourselves time after time for a very long while and very quietly. ...

3. *... daß wir immer in der Nähe und unter der Gegenwart Gottes leben dürfen. ...* (l. 10)

   a. ... that we always in the nearness and under the presence of God must live. ...

   b. ... that we may always live in the nearness and under the presence of God. ...

   c. ... that we live always in the nearness and under the presence of God. ...

   d. ... that we will live in the nearness and under the presence of God. ...

4. ... *gewiß ist, daß wir in dem allem in einer Gemeinschaft stehen, die uns trägt.* (l. 19)
   a. ... it is certain that, in all that, we are in a fellowship that carries us.
   b. ... it is certain, in all that, that we were in a fellowship that carried us.
   c. ... we certainly stand in a fellowship that carries us.
   d. ... we certainly stood in a fellowship that carried us.

5. *Zu all dem hat Gott in Jesus Ja und Amen gesagt.* (l. 20)
   a. To all that God is saying yes and amen in Jesus.
   b. God to all that has to say yes and amen in Jesus.
   c. To all of that God in Jesus has said yes and amen.
   d. To all of that God in Jesus had said yes and amen.

6. ... *daß es für uns nichts Unmögliches mehr gibt, weil es für Gott nichts Unmögliches gibt.* ... (l. 12)
   a. ... that everything is possible. ...
   b. ... that everything is possible for you. ...
   c. ... that there are no obstacles for you anymore. ...
   d. ... that there is nothing impossible for us anymore. ...

7. ... *daß Gefahr und Not uns nur näher zu Gott treiben.* ... (l. 15)
   a. ... have only driven us closer to God. ...
   b. ... only drove us closer to God. ...
   c. ... only drive us closer to God. ...
   d. ... should only drive us closer to God. ...

8. ... gewiß ist, *daß im Leiden unsere Freude,* im Sterben unser Leben *verborgen ist.* ... (l. 17)
   a. ... that in suffering our joy is hidden. ...
   b. ... that our suffering is joy. ...
   c. ... that suffering produced joy. ...
   d. ... that in suffering our joy was hidden. ...

9. Hätte Jesus nicht gelebt, *dann wäre unser Leben* trotz aller anderen Menschen, die wir kennen, verehren und lieben, *sinnlos.* (l. 29)
   a. ... then our life will be meaningless.
   b. ... then our life would be meaningless.
   c. ... then our lives must be wasted.
   d. ... then our life would have been wasted.

10. Dieses _____ und _____ ist der feste Boden, auf dem wir _____. (l. 21)
    a. Ja, Amen, sitzen
    b. Nein, Hallelujah, stehen
    c. Ja, Amen, stehen
    d. Nein, Hallelujah, sitzen

B. Answer the following questions:

1. Womit hat der Gott Jesu Christi nichts zu tun?

2. In was müssen wir uns versenken?

3. Was kann uns ohne Gottes Willen nicht anrühren?

4. Was haben wir zu beanspruchen?

5. Was haben wir zu erbitten?

6. Worauf stehen wir?

7. Warum haben wir einen Sinn zu leben?

8. Sind die Menschen, die wir lieben, der Wert in unserem Leben?

9. Was entschwindet uns manchmal?

10. Was ist der biblische Begriff für das unbiblische „Sinn"?

21

Das Haupt der Kirche

Martin Niemöller

Martin Niemöller was born in Lippstadt on January 14, 1892. In World War I he served as a commander of a German submarine. After the war he studied theology in Münster and became a minister. In 1931 he was called to the St. Annenkirche in Berlin-Dahlem. He opposed Hitler and became one of the leaders of the emerging Confessing Church.

From 1938 to 1945 Niemöller was "a personal prisoner of the Führer" in the concentration camps at Sachsenhausen and Dachau. God spared his life, and he became the first president of the Protestant Church in Hesse-Nassau (1947–1964). From 1961 to 1968 he served as one of the six presidents of the World Council of Churches.

Martin Niemöller did not compromise; he addressed the issues of our time—ranging from Naziism to the nuclear threat—with great courage and conviction. His books *Vom U-boot zur Kanzel* and *Dennoch getrost* have made a great impact in Germany.

From Martin Niemöller, *Dennoch getrost* (Zürich: Theologischer Verlag Zürich, 1939), pp. 150–51. ©1939 by Theologischer Verlag Zürich. Reprinted by permission.

Selections from Theologians

die **Frage** (-n) question   das **Haupt** (⁻er) head   die **Not** (⁻e) predicament
so tun als to act as if   der **Befehl** (-e) command   **dieses gemeinsamen Hauptes**
of this common (general) Head

das **lebendige Haupt** the living Head
nicht anders no differently
5   **kundtun** (h.) (a, a) to make known
gegenwärtig present   der **Herr** the Lord

der **heilige Geist**   the Holy Spirit
die **Autorität** (-en) authority   **bei einem (wegen etwas) anfragen** (h.) to inquire of someone (about something)
die **einen oder andern unter uns** some or others among us
10   **zurückblicken** (h.) to look back

der **Kirchenvater** (⁻) church father   die **vorwegblickenden** those looking ahead
genau denselben Fehler exactly the same mistake

die **Zeit** (-en) time
15   der **Glaube** faith   **und die dritten** and the third (group)   **denen das eine und
das andere nicht liegt** here, whom the first and the second (group) do not
suit
in sich hineinhorchen auf (h.) to listen within oneself to   die **Stimme** (-n)
voice
die **Psyche** psyche, self   **wie man heute sagt** as one says today
das **Blut** blood   **strömen** (h.) to flow
die **Gemeinde** church   **umsonst** in vain, for nothing

20   **wenden** (h.) (a, a) to turn   **begegnen** (s.) to encounter, to meet

die **Seele** (-n) soul

26   **hören** (h.) to hear
gesund healthy
fordern (h.) to require, to demand   der **Gehorsam** obedience

selber himself
heute today der **Friede** (-n) peace

188

Die Frage nach dem Haupt der Kirche ist unsere Not, daß wir so tun, als hätten wir den Befehl dieses gemeinsamen Hauptes nicht mehr, als hätten wir nicht mehr das lebendige Haupt, das uns heute nicht anders als vor 1900 Jahren seinen Willen kundtut. Das ist die Not der Kirche: Wir glauben nicht an einen lebendig gegenwärtigen Herrn; wir können auch sagen: wir glauben nicht an den heiligen Geist, und darum fragen wir bei andern Autoritäten an, was die Kirche tun soll, und die einen oder andern unter uns, die zurückblicken, holen den „Vater Luther" oder den „Vater Calvin", oder sie fragen bei Augustin, Cyprian oder noch älteren Kirchenvätern an; und die anderen, die vorwegblickenden, machen genau denselben Fehler und fragen bei den Propheten einer neuen Zeit und eines neuen Glaubens; und die dritten, denen das eine und das andere nicht liegt, horchen in sich hinein auf die Stimme ihrer Psyche—oder, wie man heute sagt: auf die Stimme ihres Blutes, das in ihnen strömt.

Liebe Gemeinde, das ist alles umsonst; denn wohin wir uns auch wenden mögen, der lebendige Gott begegnet uns dort nicht, der lebendige Gott redet nicht durch Luther oder Calvin zu uns, der lebendige Gott redet nicht durch die Propheten des neuen Glaubens, nicht durch die Stimme unserer Seele oder unseres Blutes! Sondern der lebendige Gott begegnet uns nicht anders als in dem einen Wort; ein Wort hat er geredet, das sollen wir hören, ein Wort, das will uns lebendig machen und gesund, ein Wort, das fordert unsern Gehorsam. Dies eine Wort, das uns sagt, daß in Jesus von Nazareth Gott selber zu mir—auch heute—kommt, um Frieden mit uns zu machen; dies Wort,

189

bezeugen (h.) to testify, to prove **gekreuzigt** crucified **auferstanden** risen
von einst from long ago **in alle Ewigkeit** to (or in) all eternity

begründen (h.) to establish **erhalten** (h.) (ie, a) to preserve **vollenden** (h.)
to complete
35 **die Einheit** unity **die Botschaft** (-en) message
das Pfingstwunder the miracle of Pentecost

ein einmaliges Wunder a unique miracle

warten (h.) to wait
39 **noch einmal** once again

die Zunge (-n) tongue

gebunden sein an to be bound to
die Verkündigung proclamation **nirgendwo anders** nowhere else
schaffen (h.) (u, a) to create **deren** whose **das Glied** (-er) member
45 **die Bindung** tie, bond, connection **in der Bindung an den einen Herrn** here,
in their ties to the one Lord

das mir bezeugt, daß der gekreuzigte und auferstandene
Jesus von Nazareth von einst heute und in alle Ewigkeit
unser Herr und das Haupt seiner Kirche ist, dies Wort—
und dies Wort allein—begründet, erhält und vollendet die
Einheit der Kirche; denn in dieser Botschaft wirkt der   35
heilige Geist. Brüder und Schwestern, das Pfingstwunder
ist ein einmaliges Wunder für die Apostel gewesen; wir
haben nicht auf ein Pfingsten zu warten, der heilige Geist
ist gekommen und er kommt heute nicht noch einmal zu
uns! Wir haben nicht zu warten auf den heiligen Geist,   40
daß wir nun anfangen mit neuen Zungen zu reden! Nein,
der heilige Geist ist gebunden an die Botschaft von Jesus
Christus und ihre Verkündigung. Da—und nirgendwo anders—schafft er die Gemeinde Jesu Christi, deren Glieder
eine Einheit sind in der Bindung an den einen Herrn.   45

Exercises

A. Select the most accurate translation of the italicized words or fill in the blank:

1. ... *als hätten wir den Befehl dieses gemeinsamen Hauptes nicht mehr.* ... (l. 2)
   a. ... as if we still had the command of this common Head. ...
   b. ... as if we do not have the command of this common Head anymore. ...
   c. ... as if we still have the command of this common Head. ...
   d. ... as if we did not have the command of this common Head anymore. ...

2. ... *und darum fragen wir bei andern Autoritäten an.* ... (l. 8)
   a. ... and therefore we inquire of other authorities. ...
   b. ... and therefore we inquire of another authority. ...
   c. ... and therefore we inquired of another authority. ...
   d. ... and therefore we will inquire of more authorities. ...

3. ... und die dritten, *denen das eine und das andere nicht liegt.* ... (l. 15)
   a. ... whom the one and the other cannot suit. ...
   b. ... whom the one and the other do not suit. ...
   c. ... whom the one and the other will not suit. ...
   d. ... whom the one and the other had never suited. ...

4. ... auf die Stimme ihres Blutes, *das in ihnen strömt.* (l. 17)
   a. ... that flows in us.
   b. ... that flows in him.
   c. ... that flows in you.
   d. ... that flows in them.

5. ... *ein Wort, das fordert unsern Gehorsam.* (l. 27)
   a. ... words that require our obedience.
   b. ... words that have required our obedience.
   c. ... a word that requires our obedience.
   d. ... a word that must require our obedience.

6. ... *daß in Jesus von Nazareth Gott selber zu mir—
auch heute—kommt.* ... (l. 29)
   a. ... that in Jesus of Nazareth God himself comes
      to us even today. ...
   b. ... that in Jesus of Nazareth God himself comes
      to me even today. ...
   c. ... that in Jesus of Nazareth God himself will
      come to us today. ...
   d. ... that in Jesus of Nazareth God himself comes
      to them even today. ...

7. ... *von einst heute und in alle Ewigkeit.* ... (l. 32)
   a. ... of today, yesterday, and tomorrow. ...
   b. ... of today, long ago, and to all eternity. ...
   c. ... from long ago, today, and to all eternity. ...
   d. ... of yesterday, tomorrow, and today. ...

8. ...*dies Wort* ... *begründet, erhält und vollendet die
Einheit der Kirche.* ... (l. 34)
   a. ... this Word ... establishes, preserves, and
      completes the unity of the church. ...
   b. ... this Word ... established, preserved, and
      completed the unity of the church. ...
   c. ... this Word ... will preserve, establish, and
      complete the unity of the church. ...
   d. ... this Word ... preserves, establishes, and
      completes the unity of the church. ...

9. ... *das Pfingstwunder ist ein einmaliges Wunder für die Apostel gewesen.* ... (l. 36)
   a. ... the miracle of Pentecost is a unique miracle for the apostles. ...
   b. ... the miracle of Pentecost had been important for the apostles. ...
   c. ... the miracle of Pentecost was a unique miracle for the apostles. ...
   d. ... the miracle of Pentecost is significant for the apostles. ...

10. Wir haben nicht zu warten auf den heiligen Geist, daß wir nun anfangen mit neuen _____ zu reden! (l. 40)
    a. Zungen
    b. Lippe
    c. Gedanke
    d. Worte

B. Answer the following questions:
   1. Was ist unsere Not?
   2. Was ist die Not der Kirche?
   3. Was machen die, die zurückblicken?
   4. Was machen die, die vorwegblicken?
   5. Was macht die dritte Gruppe?
   6. Durch wen redet der lebendige Gott nicht?
   7. Wer ist unser Herr und das Haupt seiner Kirche?
   8. Was war das Pfingstwunder für die Apostel?
   9. An wen ist der heilige Geist gebunden?
   10. Was schafft der heilige Geist?

22

Der verlorene Sohn

Helmut Thielicke

Helmut Thielicke was born in Wuppertal-Barmen on December 4, 1908, and studied theology and philosophy at the Universities of Greifswald, Marburg, Erlangen, and Bonn. In 1936 he was appointed as a university lecturer in systematic theology at the University of Erlangen and also as professor of theology at the University of Heidelberg. Because of his support for the Confessing Church, the Nazis forced him to resign from Heidelberg.

In 1942 Thielicke became director of the theological office of the State Church of Württemberg in Stuttgart. From there he established contact with Carl Goerdeler, a leader of the resistance movement against Hitler. He also started a series of worship services focusing on great topics of the Christian faith and the Bible, such as the Lord's Prayer, the Sermon on the Mount, and the Apostles' Creed.

In 1945 Thielicke became a professor of systematic theology at the University of Tübingen and in 1951 its president. Three years later he was called to the University of Hamburg as the first dean of its newly established faculty of theology, from which he retired in 1974. His popular publications include *Das Leben kann noch einmal beginnen; Das Bilderbuch Gottes; Wie die Welt begann; Woran ich glaube; Und wenn Gott wäre; Das Gebet, das die Welt umspannt; Glauben als Abenteuer;* and *Auf dem Weg zur Kanzel.*

From Helmut Thielicke, *Das Bilderbuch Gottes* (Stuttgart: Quell Verlag Stuttgart, 1957), pp. 26–29. ©1957 by Quell Verlag Stuttgart. Reprinted by permission.

stehen vor (h.) (a, a) to be faced with   **letzt** last, final
auftauchen (s.) to come into view   **die Geschichte** (-n) story   [**das Gleichnis**
parable   **der verlorene Sohn** the prodigal son]
wenn if, when   **unmittelbar** immediate, direct
die Spur (-en) trace   **fehlen** (h.) to be absent, to be missing   **sollen** (h.)
to be said to, to be supposed (or believed) to, should   **überhaupt** actually   **unterbringen** (h.) (a, a) to place
5   **von sich aus** of himself, by himself   **ganz allein** entirely (or all) on his own
wohlgesonnen inclined toward good, well-disposed   **entgegenkommend** kind,
obliging, cooperative   **vergebungsbereit** ready to forgive, ready to grant
forgiveness
wozu for what?   **brauchen** (h.) to need   **das Kreuz** (-e) cross
die Vermittlung mediation, intercession   **die Versöhnung** reconciliation,
atonement
die Christologie Christology   **so wie sie nun einmal dasteht** as it stands there
now
10   **göttlich** divine   **die Einfalt** simplicity   **die Schlichtheit** unpretentiousness,
modesty
eben precisely
die ersten the first   **fragen** (h.) to ask
Eines one thing   **jedenfalls** in any case
überhaupt after all   **nur** only   **konnte heim** could go home   **zurechtkommen**
(s.) (a, o) to manage, to succeed, to get on well
15   **für** for   **der Himmel** heaven   **bereitstehen** (s.) (a, a) to be available, to stand
ready   **sonst** otherwise
im besten Falle at best
vollends completely   **verstockt** hardened   **werden** (s.) (u, o) to become   **sich**
aufrappeln (h.) to pull oneself together
bißchen a little   **die Haltung** self-control, poise, composure   **annehmen** (h.)
(a, o) to take up, to assume
die Qual (-en) pain, anguish   **bleiben** (s.) (ie, ie) to remain, to stay, to continue   **das Gewissen** conscience
20   **unter der Decke** under the cover   **weiter** further   **verklagen** (h.) to accuse

zeigen (h.) to show   **eben anders** quite different
die Befreiung deliverance, release   **schenken** (h.) to give   **uns . . . geschenkt**
werden soll is supposed to be given to us
recht haben to be (in the) right   **verlieren** (h.) (o, o) to lose
blicken (h.) to look   **lügen** (h.) (o, o) to lie   **morden** (h.) to murder   **die Ehe**
(-n) marriage
25   **brechen** (h.) (a, o) to break   **die Ehe brechen** to commit adultery   **liegen** (h.
and s.) (a, e) to lie   **lauernd** lurking   **die Möglichkeit** possibility
das Herz (-en) heart   **sich verloren geben** to acknowledge oneself to be lost
nun now   **etwas** something   **geschehen** (s.) (a, e) to take place, to happen,
to occur
mit eurem Herzen with your heart   **einfach** simply   **was euch bereitet ist**
which is prepared for you
das Reich Gottes the kingdom of God   **mitten unter euch** in your midst
30   **das Vaterhaus** the home of the Father   **weit** wide   **öffnen** (h.) to open   **die**
Tür (-en) door

196

Aber nun stehen wir noch vor einer letzten Frage: Wo
taucht in dieser Geschichte [das Gleichnis vom verlorenen
Sohn] Jesus Christus auf, oder wo ist er, wenn unmittelbare Spuren fehlen sollten, überhaupt unterzubringen?
Ist der Vater nicht von sich aus und ganz allein schon so   5
wohlgesonnen und entgegenkommend, daß er vergebungsbereit ist? Wozu braucht man dann das Kreuz, wozu
braucht man Vermittlung und Versöhnung und die ganze
Christologie? Ist diese Geschichte, so wie sie nun einmal
dasteht, nicht von göttlicher Einfalt und Schlichtheit? Und   10
ist sie nicht eben eine Geschichte ohne Christus?—
Wir sind nicht die ersten, die so fragen.

Eines haben wir jedenfalls gesehen: Der verlorene Sohn
konnte überhaupt nur heim und kam wieder zurecht, weil
für ihn der Himmel und der Vater bereitstanden. Sonst   15
hätte er sich im besten Falle (das heißt, wenn er nicht
vollends verstockt oder Nihilist geworden wäre) nur aufrappeln und ein bißchen Haltung annehmen können. Aber
die inneren Qualen wären geblieben. Das Gewissen hätte
ihn unter der Decke seiner Haltung weiter verklagt.   20

Jesus aber will uns zeigen, daß es eben anders ist und
daß uns eine ganze Befreiung geschenkt werden soll. ,,Ihr
habt recht", sagt er, ,,ihr seid verloren, wenn ihr auf euch
blickt. Wer hat denn nicht gelogen, gemordet, die Ehe
gebrochen? In wem liegt das nicht als lauernde Möglich-   25
keit im Herzen? Ihr habt recht, wenn ihr euch verloren
gebt. Aber seht: Nun ist etwas geschehen, was nichts mit
diesem eurem Herzen zu tun hat, was euch einfach bereitet ist. Nun ist das Reich Gottes mitten unter euch, nun
ist das Vaterhaus weit geöffnet. Und ich—ich bin die Tür,   30

197

der Weg (-e) pathway   das Leben life
Wer mich sieht, der sieht den Vater He who sees me sees the Father
denn particle (often untranslated)   Und was seht ihr denn And what do you
   see then   jemand someone
die Tiefe (-n) depth, deep   der zu euch in die Tiefe gekommen ist who came
   down to earth (the depth) to you   die Höhe (-n) height   wo ihr nicht in
   die Höhe konntet where you could not go up to heaven (to the height)
35 ,Also' so   die Welt world   lieben (h.) to love
hineingeben (h.) (a, e) to give (into)
lassen (h.) (ie, a) to let   er sich's etwas kosten ließ it cost him
   something   helfen (h.) (a, o) to help
der Schmerz (-en) pain, grief, sorrow, anguish   gehen durch (s.) (i, a) to go
   through   gegen sich selbst against himself
unternehmen (h.) (a, o) to undertake   um . . . zu in order . . . to   die Schuld
   (-en) guilt   fertig werden mit to deal with
40 der Abgrund (-̈e) abyss   zwischen between   ernst serious(ly)
doch nevertheless   überbrücken (h.) to bridge, to span   das alles all (of)
   that
anschauen (h.) to look at
hinweisen auf (h.) (ie, ie) to point to, to refer to   auf sich selbst hinweisen
   to point to oneself   das Gleichnis (-se) parable   erzählen (h.) to tell
zwischen between   die Zeile (-n) line   hinter behind   das Wort (-e) word
45 Wäre es irgend jemand If it were just anyone at all   diese Geschichte this
   story
gütig gracious, kind   nur only
lachen (h.) to laugh

woher from where, whence   wissen (h.) (u, u) to know   Woher weißt du das
   denn How do you know that
da there   suchen (h.) to seek   die Verlorenheit lost condition   den meine
   Verlorenheit interessiert here, who is interested in my lost condition

50 leiden (h.) to suffer   warum why
solch such   das Ammenmärchen (-) fairy tale   es gibt there is
genug enough   dann hat er genug damit zu tun then he is busy enough with
   die Planetensysteme planetary systems
in Schuß bleiben to keep in working order   vielleicht perhaps   nichts
   Besseres nothing better
sich freuen über (h.) to rejoice over, to be happy about, to be glad
   about   einmal once, for once   anständig decent, well-behaved
heroisch heroic   die Tat (-en) deed   der Verlorene the lost
55 nachlaufen (s.) (ie, au) to run after   wie as, like   die Heilsarmee Salvation
   Army   fein fine
ein anderer another one   behaupten (h.) to assert, to claim
die Vergebung forgiveness   der Anfang (-̈e) beginning   intervenieren (h.) to
   intervene
vollziehen (h.) (o, o) to enforce, to carry out, to execute   ewig eternal   das
   Gesetz (-e) law   die Schuld (-en) guilt   die Sühne atonement
der Ausdruck (-̈e) expression   ein anderer Ausdruck another expression   aus-
   gleichend equalizing, balancing, harmonizing
60 die Weltordnung system of the world, world order   die Weltgeschichte world
   history   das Weltgericht world judgment
sich rächen (h.) to be avenged   auf Erden on earth   Dafür sorgt Gott God
   takes care of that

ich bin der Weg, ich bin das Leben, ich bin die Hand des
Vaters. Wer mich sieht, der sieht den Vater. Und was seht
ihr denn, wenn ihr mich seht? Ihr seht jemanden, der zu
euch in die Tiefe gekommen ist, wo ihr nicht in die Höhe
konntet. Ihr seht, daß Gott ,Also' die Welt geliebt hat, daß   35
er mich, seinen Sohn, in diese Tiefe hineingab, daß er
sich's etwas kosten ließ, euch zu helfen, daß es durch
Schmerzen Gottes ging, daß Gott etwas gegen sich selbst
unternehmen mußte, um mit eurer Schuld fertig zu werden, um den Abgrund zwischen euch und sich ernst zu   40
nehmen und ihn doch zu überbrücken. Das alles seht ihr,
wenn ihr mich anschaut!"

So also weist Jesus Christus, der dies Gleichnis erzählt,
zwischen allen Zeilen und hinter allen Worten auf sich
selbst hin. Wäre es irgend jemand, der uns diese Ge-   45
schichte von dem gütigen Vater erzählte, könnten wir nur
lachen. Wir könnten nur sagen: „Woher weißt du das denn,
daß ein Gott da ist, der mich sucht, den meine Verlorenheit interessiert, ja, der an mir leidet? Warum erzählst du
solche Ammenmärchen? Wenn es einen Gott gibt, dann   50
hat er genug damit zu tun, daß die Planetensysteme in
Schuß bleiben. Und vielleicht, wenn er nichts Besseres zu
tun hat, freut er sich einmal über einen anständigen
Menschen oder eine große heroische Tat. Aber den Verlorenen nachlaufen wie die Heilsarmee? Ein feiner Gott!"   55
Oder ein anderer sagt: „Was behauptest du? Gott soll mit
Vergebung und neuen Anfängen intervenieren? Nein, Gott
vollzieht nur die ewigen Gesetze von Schuld und Sühne,
,Gott' ist nur ein anderer Ausdruck für die ausgleichende
Weltordnung oder die Weltgeschichte, die das Weltgericht   60
ist . . . , denn alle Schuld rächt sich auf Erden'! Dafür sorgt

199

der Freund (-e) friend **die Vergebung** forgiveness **die Tat** (-en) deed **in der Tat** indeed
reden (h.) to talk, to speak **So müßten wir alle reden** Thus all of us would have to talk

65 **sondern** but
selber himself

vormachen (h.) to put in place before

das Lichtbild (-er) photograph, picture **angeblich** alleged, so-called
der Sünder (-) sinner **offenstehen** (h.) (a, a) to stand open, to be open

70 **sitzen** (h.) (a, e) to sit
nachgehen (s.) (i, a) to follow, to go after

sterben (s.) (a, o) to die
zurückbleiben (s.) (ie, ie) to remain behind, to stay behind **das Licht** (-er) light

die Finsternis darkness **scheinen** (h.) (ie, ie) to shine **die Herzstimme** loving voice
75 **mitten in der Fremde** in the middle of a strange place **überfallen** (h.) (ie, a) to seize
fröhlich joyful, happy **die Nachricht** (-en) news **heimkommen** (s.) (a, o) to come home
Das letzte Thema dieser Geschichte heißt also nicht Hence the last theme of this story is not (called) **also** hence, consequently, accordingly
Vom verlorenen Sohn About the Prodigal Son **finden** (h.) (a, u) to find
die Untreue unfaithfulness
80 **die Treue** faithfulness
daher therefore **ausklingen** (h.) (a, u) to end in **rauschend** noisy, boisterous
das Freudenfest celebration **die Vergebung** forgiveness **predigen** (h.) to preach

das Feierkleid (-er) festive raiment **evangelisch** evangelical
wirklich truly, really
85 **als eine frohe Nachricht** as happy news **denken (an etwas)** (h.) (a, a) to think (of something), to call (something) to mind **gar nicht** not at all
verblüffen (h.) to amaze, to stun **die uns verblüffen müßte** which would have to amaze us
zum ersten Male for the first time

so ganz und gar anders so completely different
fürchten (h.) to fear **schicken** (h.) to send
90 **unbeschreiblich** indescribable, unspeakable **laden** (h.) (u, a) to invite

das Geheimnis secret
die Heimkehr homecoming

200

Gott, mein Freund, nicht für Vergebung!" Und in der Tat:
So müßten wir alle reden, wenn uns irgend jemand von
solchem Vater erzählte.

Aber nun redet hier eben nicht „irgend jemand", son- 65
dern Jesus Christus selber. Und er erzählt uns nicht von
diesem Vater, sondern in ihm ist der Vater. Er macht uns
keine Lichtbilder vor von einem angeblichen Himmel, der
den Sündern offensteht, sondern in ihm ist das Reich
Gottes mitten unter uns. Sitzt er nicht mit den Sündern 70
an einem Tisch? Geht er nicht den Verlorenen nach? Ist
er nicht bei uns, wenn wir sterben müssen und die anderen alle zurückbleiben? Ist er nicht das Licht, das in
der Finsternis scheint? Ist er nicht die Herzstimme des
Vaters, die uns mitten in der Fremde überfällt, überfällt 75
mit jener fröhlichen Nachricht: Du darfst heimkommen?

Das letzte Thema dieser Geschichte heißt also nicht:
Vom verlorenen Sohn, sondern: Vom Vater, der uns findet.
Das letzte Thema heißt nicht: Von der Untreue der
Menschen, sondern es heißt: Von der Treue Gottes. 80

Daher klingt die Geschichte auch in ein rauschendes
Freudenfest aus: Wo Vergebung gepredigt wird, da ist
Freude, und da sind Feierkleider. Man muß diese evangelische Geschichte wirklich so lesen und hören, wie sie
gemeint ist: als eine frohe Nachricht, an die wir gar nicht 85
gedacht haben, ja, die uns verblüffen müßte, wenn wir sie
zum ersten Male hören könnten, als eine Nachricht, daß
mit Gott alles so ganz und gar anders ist, als wir es dach-
ten oder auch fürchteten; daß er seinen Sohn zu uns ge-
schickt hat und uns zu unbeschreiblicher Freude lädt. 90

Das letzte Geheimnis dieser Geschichte heißt: Es gibt
für uns alle eine Heimkehr, weil es eine Heimat gibt.

Exercises

A. Select the most accurate translation of the italicized words or fill in the blank:

1. . . . *wenn unmittelbare Spuren fehlen sollten.* . . . (l. 3)
   a. . . . if immediate traces are supposed to be missing. . . .
   b. . . . if an immediate trace is supposed to be missing. . . .
   c. . . . if immediate traces were said to be missing. . . .
   d. . . . if an immediate trace is said to be missing. . . .

2. Ist der Vater nicht *von sich aus und ganz allein* schon so wohlgesonnen und entgegenkommend . . . ? (l. 5)
   a. . . . by oneself and completely alone . . . ?
   b. . . . by himself and all on his own . . . ?
   c. . . . by itself and completely alone . . . ?
   d. . . . by himself and quite alone . . . ?

3. Ist diese Geschichte, *so wie sie nun einmal dasteht* . . . ? (l. 9)
   a. . . . as it stands there now . . . ?
   b. . . . how it stood there . . . ?
   c. . . . as it will stand there . . . ?
   d. . . . how it once stood there . . . ?

4. Der verlorene Sohn *konnte überhaupt nur heim* und kam wieder zurecht. . . . (l. 13)
   a. . . . had to go home. . . .
   b. . . . was willing to go home. . . .
   c. . . . could go home only. . . .
   d. . . . did not want to go home. . . .

5. *Aber die inneren Qualen wären geblieben.* (l. 18)
   a. But the anguish stayed.
   b. But the inner anguish stayed.

    c. But the anguish could have stayed.

    d. But the inner anguish would have stayed.

6. *Nun ist etwas geschehen.* . . . (l. 27)

    a. Something will take place. . . .

    b. Something had taken place. . . .

    c. Something takes place. . . .

    d. Something has taken place now. . . .

7. . . . um *mit eurer Schuld* fertig zu werden. . . . (l. 39)

    a. . . . with my guilt. . . .

    b. . . . with our guilt. . . .

    c. . . . with their guilt. . . .

    d. . . . with your guilt. . . .

8. . . . *freut er sich einmal über einen anständigen Menschen.* . . . (l. 53)

    a. . . . he rejoices for once over a decent man. . . .

    b. . . . he rejoiced over a polite man. . . .

    c. . . . he will rejoice for once over a good man. . . .

    d. . . . he rejoices about a decent man. . . .

9. . . . denn alle Schuld *rächt sich auf Erden!* (l. 61)

    a. . . . was avenged on earth!

    b. . . . had to be avenged on earth!

    c. . . . is avenged on earth!

    d. . . . must be avenged on earth!

10. Das letzte Thema dieser Geschichte heißt also nicht: Vom verlorenen Sohn, sondern: _____. (l. 77)

    a. Vom Sohn, der uns sucht

    b. Vom Vater, der uns sucht

    c. Vom Sohn, der uns liebt

    d. Vom Vater, der uns findet

B. Answer the following questions:

1. Vor welcher Frage stehen wir noch?

2. Warum kam der verlorene Sohn wieder zurecht?

3. Was will uns Jesus zeigen?

4. Wer ist verloren, wenn er auf sich blickt?
5. Wo ist das Reich Gottes nun?
6. Warum ist Jesus zu uns in die Tiefe gekommen?
7. Was sehen wir, wenn wir Jesus anschauen?
8. Welche Reaktion hätten wir, wenn es irgend jemand wäre, der uns diese Geschichte von dem gütigen Vater erzählte?
9. Wer ist Jesus?
10. Wie heißt das letzte Geheimnis dieser Geschichte?

23

Sammlung und Durchbruch
(Micha 2, 12.13)

Hans Walter Wolff

Hans Walter Wolff was born in 1911. From 1931 to 1935 he studied theology at Bethel, Göttingen, and Bonn. After completing his studies, he served the Confessing Church as a curate and pastor. In 1945 he became a minister in Solingen Wald.

From 1947 to 1951 he taught Old Testament as a university lecturer and from 1951 to 1959 as a professor at the Kirchliche Hochschule in Wuppertal. The following eight years he spent as a professor of Old Testament at the University of Mainz, and from 1967 to 1978 he served at the University of Heidelberg. He has received honorary degrees from the Universities of Wittenberg, Göttingen, and Aberdeen, and from St. Olaf College. He has also published books on Isaiah, Hosea, Joel and Amos, Obadiah and Jonah, and Micah. On his seventieth birthday he was honored with the festschriften *Die Botschaft und die Boten* and *Das Alte Testament als geistige Heimat.*

From Hans Walter Wolff, *Mit Micha Reden* (Munich: Chr. Kaiser Verlag München, 1978), pp. 71–73. ©1978 by Chr. Kaiser Verlag München. Reprinted by permission.

Selections from Theologians

sammeln (h.) to gather ganz und gar completely, thoroughly
übrig left (over), remaining zusammenbringen (h.) (a, a) to bring together,
   to gather together
das Schaf (-e) sheep miteinander with each other, with one another
fest solid, strong der Stall (-̈e) fold, stable

5 die Herde (-n) flock, herd die Hürde (-n) pen, fold
   die Menschen (pl.) people, men dröhnen (h.) to resound
   der Durchbrecher breaker, breach-maker, one who breaks through
   heraufziehen (s.) (o, o) to come up

   durchbrechen (s.) (a, o) to break through
   das Tor (-e) gate hinausziehen (s.) (o, o) to go out durchs Tor hinausziehen
      to pass through the gate
10 vor ihnen hergehen to go before them, to walk in front of them
   die Spitze (-n) head

   der Spruch (-̈e) passage, text suchen uns in zwei verschiedenen Situationen
      auf find us (or seek us out) in two different situations
   wohl probably jeder everyone
15 wiederfinden (h.) (a, u) to find again zerstreut scattered, dispersed
      abgesprengt cut off eingemauert walled in
   bedrängt afflicted erläutern (h.) to explain, to illustrate die Adventszu-
      sage the Advent promise
   Siehe Behold
   bewirken (h.) to bring about, to effect die Versprengten (pl.) the scattered,
      the dispersed (stragglers) führen (h.) to lead
   der Ausbruch (-̈e) escape, breaking out die Gefangenschaft captivity
20 gelten (h.) (a, o) to concern, to apply to die Auseinandergesprengten (pl.)
      the scattered
   fast almost die Aufgeriebenen (pl.) the destroyed, the exhausted, the worn
      out erkennen (h.) (a, a) to recognize die Lage (-n) situation die heutige
      Christenheit present-day Christianity
   das Bild (-er) picture, image, likeness die Exilzeit time of exile
   heidnisch pagan die Umwelt environment
   ähnlich similarly zersprengen (h.) to disperse empfinden (h.) (a, u) to per-
      ceive, to feel, to experience

25 leidvoll sorrowful erfahren (h.) (u, a) to experience, to discover
   drohen (h.) to threaten, to menace Droht nicht die Gefahr, daß Is there not
      the danger (risk or threat) that die Gemeinde (-n) congregation aufreiben
      (h.) (ie, ie) to wear out, to destroy
   Vereinzelte (pl.) individuals die mit Christus als ihrem Herrn rechnen who
      count on Christ as their Lord
   die Studentenschaft student body der Straßenpassant (-en) passerby (on
      the street)
30 die Vereinzelung isolation, individualization, detachment

206

12 Ich will dich, Jakob, sammeln ganz und gar
und, was übrig ist von Israel, zusammenbringen.
Ich will sie wie Schafe miteinander
in einen festen Stall tun
und wie eine Herde in ihre Hürden,   5
daß es von Menschen dröhnen soll.
13 Er wird als Durchbrecher vor ihnen heraufziehen;
sie werden durchbrechen
und durchs Tor hinausziehen,
und ihr König wird vor ihnen hergehen   10
und der HERR an ihrer Spitze.

Die beiden Sprüche suchen uns in zwei verschiedenen
Situationen auf. In einer von beiden wird sich wohl jeder
wiederfinden: zerstreut, abgesprengt—oder eingemauert,   15
bedrängt. Beide Sprüche erläutern uns die Adventszu-
sage: ,,Siehe, dein König kommt zu dir!" Was will er bei
uns bewirken? Er sammelt die Versprengten, und er führt
zum Ausbruch aus der Gefangenschaft.

Das erste Wort gilt den Auseinandergesprengten und   20
fast Aufgeriebenen. Erkennen wir die Lage der heutigen
Christenheit im Bild des zerstreuten Israel der Exilzeit?
Sind wir als Christen in einer heidnischen Umwelt nicht
ähnlich zersprengt? Wenn Sie selbst es nicht so empfinden, dann denken Sie an die, die es oft leidvoll erfahren!   25
Droht nicht die Gefahr, daß ganze Gemeinden aufgerieben
werden? Sind es nicht wirklich nur noch Vereinzelte, die
mit Christus als ihrem Herrn rechnen, in den Familien,
in der Studentenschaft, unter den Straßenpassanten? Ist
nicht der Prozeß der Vereinzelung in den letzten zwei bis   30

beunruhigend disturbingly, alarmingly **fortschreiten** (s.) (i, i) to progress, to make progress **festgefügt** closely knit **festgefügte Gemeinden** closely-knit congregations
dezimieren (h.) to decimate
erinnert uns daran reminds us of the fact
die Geschichte (-n) history **einmalig** unique
35 **wie einst jenen** as (it did) those in the past
die Zusage (-n) promise

entreißen (einem etwas) (h.) (i, i) to snatch (something) away from (someone) **die Macht** (ː̈e) force, power
die Verzettelung dispersion, scattering
die Zusammenkunft gathering, meeting

40 **verloren** lost **einsam** lonely **der Posten** post, position
königlich royal **der Hirte** (-n) shepherd **herausholen** (h.) to get or force out (of) **Der königliche Hirte holt aus den Isolationen heraus** the royal Shepherd gets (us) out of isolation
eben precisely **gehören** (h.) to belong to **das Amt** (ː̈er) post, task **das Auseinandergesprengtwerden** scattering
entschieden resolutely, firmly **entgegenwirken** (h.) to counteract (with dat.)

45 **die Analyse des Zerriebenwerdens** the analysis of attrition **bestimmen** (h.) to decide, to determine **die Zukunft** future
zusammenbringen (h.) (a, a) to bring together, to join, to collect
vereinen (h.) to unite **erwarten** (h.) to expect **froh** joyful **ein frohes Getöne und Gedröhne** a joyful sound and noise

dröhnen (h.) to resound
50 **treffen** (h.) (a, o) to concern **trifft in eine andere Situation** concerns another situation
eingezingelt surrounded **belagert** besieged **eingekerkert** incarcerated
der Gefangene (-n) prisoner **herauskommen** (s.) (a, o) to get out **eng** narrow, tight

der Pferch (-e) fold, pen **die Mauer** (-n) wall **in dem man sich an den Mauern nur immer den Kopf einrennen . . . kann** in which one can continually run one's head against the walls
das Glied (-er) limb, joint **wundreiben** (h.) (ie, ie) to chafe, to rub sore
55 **bedrückend** oppressing **die Enge** (-n) confines, constriction, narrow place **um sich selbst** around oneself
kreisen (h.) to circle, to move in circles **treffen** (h.) (a, o) to hit, to strike **die Botschaft** (-en) the message

60 **betonen** (h.) to emphasize

208

drei Generationen beunruhigend fortgeschritten? Festgefügte Gemeinden sind dezimiert zu einem kleinen Rest.
Das prophetische Wort erinnert uns daran, daß diese
Phase in der Geschichte des Volkes Gottes nicht einmalig
ist. In dieser Situation gilt uns heute wie einst jenen die   35
Zusage Gottes: „Ich will dich sammeln, ich will den Rest
zusammenbringen." . . . Ich entreiße euch den Mächten
der Verzettelung. Ich sammle euch. Auch diese unsere
Zusammenkunft lebt von der Kraft dieser Zusage. Kein
einziger Vereinzelter bleibt auf verlorenem, einsamen Pos-   40
ten. Der königliche Hirte holt aus den Isolationen heraus.
Eben das gehört zu seinem Amt: dem Auseinandergesprengtwerden entschieden entgegenzuwirken. Diese
Zusage will uns den Depressionen entreißen. Nicht die
Analyse des Zerriebenwerdens bestimmt die Zukunft, son-   45
dern sein Wort: Ich sammle, ich bringe zusammen, ich
vereine. Das dürfen wir erwarten: ein frohes Getöne und
Gedröhne von versammelten Menschen. Wie heißt es doch
hier? „Daß es von Menschen dröhnen soll"!

Der zweite Spruch trifft in eine andere Situation. Er   50
gilt einer eingezingelten, belagerten Stadt oder eingekerkerten Gefangenen. Wie kommt man heraus aus dem en-
gen Pferch, in dem man sich an den Mauern nur immer
den Kopf einrennen und die Glieder wundreiben kann?
. . . In solche bedrückende Enge, in der man nur um sich   55
selbst kreisen kann, trifft die Botschaft: „Er wird als ein
Durchbrecher vor ihnen heraufziehen, dann werden sie
durchbrechen, durchs Tor hinausziehen, ihr König wird
vor ihnen hergehen und der HERR an ihrer Spitze." Zwei-
mal wird betont, daß er „vor ihnen her zieht", und dann   60

ins Freie into the open
zustandekommen (s.) (a, o) to come about   **die Nachfolge** discipleship
geschehen (s.) (a, e) to take place   **hineinnehmen** (h.) (a, o) to take in(to)
die Verzagtheit despondency, faintheartedness   **Laßt uns das hineinnehmen**
   in die Stunden unserer Verzagtheit Let us take that into the hours of our
   faintheartedness   **die Verzweiflung** despair
65   **die Schwäche** (-n) weakness   **die Versuchlichkeit** temptation
   der Durchbrecher zieht vor uns her the breaker moves in front of us
   vorangehen (s.) (i, a) to go in front of
   der altböse Feind the evil one   **ist nur die vorletzte Wahrheit** is only the next
   to last truth
   zuletzt ultimately, last   **zuletzt gilt** lit., ultimately it is true; here, the last
   (truth) is   **die Bresche** (-n) breach, gap   **Er bricht die Breschen** He makes
   the breaches

70   **erfahren** (h.) (u, a) to learn   **aufs neue erfahren** to learn once more

   erwarten (h.) to expect   **Tag um Tag** every day
   gefährlich dangerous   **die Zerstreuung** dispersion, scattering

   öffnen (h.) to open
   der Kerker prison   **böse** maliciously   **eingeschlossen** imprisoned

noch einmal: „Er an ihrer Spitze." Der Durchbruch ins Freie kommt nur in seiner Nachfolge zustande. Aber in seiner Nachfolge geschieht er auch. Laßt uns das hineinnehmen in die Stunden unserer Verzagtheit, unserer Verzweiflung an unseren Schwächen, an unserer Versuchlichkeit: der Durchbrecher zieht vor uns her, der König geht uns voran, an unserer Spitze. Daß wir eingemauert und belagert sind von dem altbösen Feind, ist nur die vorletzte Wahrheit. Zuletzt gilt: Er bricht die Breschen.

So möchten wir alle denn aufs neue erfahren, wie Jesus Christus als der König zu uns kommt. Erwartet es Tag um Tag: Er sammelt uns aus der gefährlichen Zerstreuung! Er öffnet uns von innen her das Tor aus dem Kerker, in dem wir böse eingeschlossen sind.

Exercises

A. Select the most accurate translation of the italicized words or fill in the blank:

1. *Ich will sie* wie Schafe miteinander *in einen festen Stall tun*.... (l. 3)
   a. I shall put them in a fold....
   b. I will put them in a fold....
   c. I want to put them in a strong fold....
   d. I must put them in a strong fold....

2. *„Siehe, dein König kommt zu dir!"* (l. 17)
   a. "Behold, your King is coming to you."
   b. "See, the King is coming."
   c. "Behold, your King will be coming to you."
   d. "See, the King will be coming."

3. ... und *er führt zum Ausbruch aus der Gefangenschaft*. (l. 18)
   a. ... he leads to an escape from prison.
   b. ... he leads to the escape from captivity.
   c. ... he has to escape from captivity.
   d. ... he will escape from prison.

4. ... *im Bild des zerstreuten Israel der Exilzeit*. (l. 22)
   a. ... in the picture of part of Israel in exile.
   b. ... in the image of Israel in exile.
   c. ... in the picture of Israel during the time of exile.
   d. ... in the image of scattered Israel of the time of exile.

5. *Ist nicht der Prozeß der Vereinzelung* in den letzten zwei bis drei Generationen *beunruhigend fortgeschritten?* (l. 29)
   a. Did not the process of isolation make alarming progress?
   b. Has the process of isolation made great progress?
   c. Did the process of isolation result in alarming progress?

d. Has not the process of isolation resulted in less progress?

6. In dieser Situation *gilt uns heute wie einst jenen die Zusage Gottes.* (l. 35)
   a. . . . the promise of God is always valid.
   b. . . . God's promise is as true for us today as for those in the past.
   c. . . . we always count on the promise of God.
   d. . . . God's promise is true today and yesterday.

7. Ich entreiße euch *den Mächten der Verzettelung.* (l. 37)
   a. . . . to the force of scattering.
   b. . . . from the force of scattering.
   c. . . . with the forces of scattering.
   d. . . . from the forces of scattering.

8. *Ich sammle, ich bringe zusammen, ich vereine.* (l. 46)
   a. I gather, I collect, I unite.
   b. I gathered, I collected, I united.
   c. I collect, I gather, I unite.
   d. I collected, I gathered, I united.

9. *Er gilt einer eingezingelten, belagerten Stadt* oder eingekerkerten Gefangenen. (l. 50)
   a. He meant it for a surrounded (and) besieged city. . . .
   b. He means it for a besieged (and) surrounded city. . . .
   c. It applies to a surrounded (and) besieged city. . . .
   d. It applied to a surrounded (and) besieged city. . . .

10. . . . dann werden sie durchbrechen, _____ hinausziehen, ihr König wird vor ihnen hergehen. . . . (l. 57)
   a. durchs Haus
   b. durchs Tor

213

    c. durchs Land
    d. durchs Gefängnis

B. Answer the following questions:
1. Was erläutern uns beide Sprüche?
2. Wem gilt das erste Wort?
3. Wie ist die Lage der heutigen Christenheit?
4. Welche Gefahr droht uns heute?
5. Wie beeinflußt der Prozeß der Vereinzelung festgefügte Gemeinden?
6. Was sagt Gott zu dieser Situation?
7. Wie hilft uns der königliche Hirte?
8. Was dürfen wir in der Zukunft erwarten?
9. Wem gilt der zweite Spruch?
10. Wie hilft uns Christus?

24

Das Alte Testament und der Kanon

Peter Stuhlmacher and Helmut Claß

Peter Stuhlmacher was born in Leipzig on January 18, 1932. From 1952 to 1958 he studied Protestant theology at Göttingen and Tübingen. Under the guidance of Ernst Käsemann from the University of Tübingen he wrote his dissertation, *Gerechtigkeit Gottes bei Paulus (The Justice of God in Paul)*, and his *Habilitationsschrift* (thesis required for lecturing at a university), *Das paulinische Evangelium (The Gospel According to Paul)*. Vandenhoeck & Ruprecht published the dissertation in 1965 and the *Habilitationsschrift* in 1968.

From 1968 to 1972 Stuhlmacher was a professor of New Testament at the University of Erlangen. In 1972 he was appointed by the University of Tübingen to succeed Professor Käsemann. Stuhlmacher published *Das Evangelium von der Versöhnung in Christus (The Gospel of Reconciliation in Christ)* in collaboration with Helmut Claß, his former youth pastor, in order to show that biblical theology and the work of the church can be supportive of one another.

From Peter Stuhlmacher and Helmut Claß, *Das Evangelium von der Versöhnung in Christus* (Stuttgart: Calwer Verlag Stuttgart, 1979), pp. 18–20. ©1979 by Calwer Verlag Stuttgart. Reprinted by permission.

der Beginn beginning   **die Überlegung** (-en) deliberation, consideration, reflection   **einige einfache Sachverhalte** several simple facts
erinnern an (with acc.) (h.) to recall, to remember
apostolisch apostolic   **der Zeuge** (-n) witness
vom Ursprung aller christlichen Traditionsbildung an from the birth of all of the traditional Christian culture
5   **lesen** (h.) (a, e) to read

auslegen (h.) to interpret   **der Freiherr** baron
wiederholt repeatedly   **darlegen** (h.) to show, to state
der Erstlingszeuge (-n) first witness   **erfaßt** caught, taken hold of, seized, grasped   **der Heidenchrist** (-en) Gentile Christian
9   **der Brauch** (⁻e) custom, use, practice   **folgen** (s.) to follow (with dat.)   **bis in . . . hinein** till, until
die Mitte middle

eigentlich proper, actual   **aller Christengemeinden** of all Christian churches
umfassen (h.) to cover, to embrace

nicht nur . . . sondern auch not only . . . but also   **hebräisch** Hebrew
aramäisch Aramaic   **das Buch** (⁻er) book
später later   **sogenannt** so-called   **masoretisch** Masoretic   **der Kanon** canon
des später sogenannten masoretischen Kanons of the later so-called Masoretic canon
15   **die Schriften** (pl.) the writings   **griechisch** Greek   **die Septuaginta** Septuagint
die Apokryphen Apocrypha   **die Pseudepigraphen** Pseudepigrapha
erst nach not until   **geschichtlich** historic, historical   **die Katastrophe** (-n) catastrophe, disaster
70 n. Chr. (70 nach Christus) A.D. 70   **die Zerstörung** destruction
der Aufstand (⁻e) insurrection, rebellion
20   **das synagogale Judentum** synagogical Jewry   **beginnen** (h.) (a, o) to begin   **aus . . . heraus** here, from   **komplex** complex
das Überlieferungsmaterial traditional material
ausgrenzen (h.) to crystallize, to delineate

die Tora Torah   **chronologisch** chronological
abschließend concluding
25   **zwar** indeed, of course   **seit** for
(mit etwas) vertraut sein to be familiar (with something)   **ohne weiteres** forthwith, directly   **identisch** identical

die Urchristenheit early Christianity   **maßgeblich** authoritative
ihm gegenüber in comparison to it   **deutlich** clearly, distinctly   **kritisch** critical   **beschränkt** limited
die Auswahl selection   **die alttestamentlichen Apokryphen** the Apocrypha of the Old Testament
30   **die Gestalt** (-en) form   **Jesus Sirach** Ecclesiasticus   **die Weisheit Salomos** Wisdom of Solomon

216

Zu Beginn unserer Überlegungen ist an einige einfache historische Sachverhalte zu erinnern. Jesus und seine ersten apostolischen Zeugen sind geborene Juden gewesen. Sie haben das Alte Testament vom Ursprung aller christlichen Traditionsbildung an als Heilige Schrift gelesen und 5 ausgelegt. Wie H. [Hans] Freiherr von Campenhausen wiederholt dargelegt hat, sind die von der Mission dieser apostolischen Erstlingszeugen erfaßten Juden- und Heidenchristen dem Brauch der Apostel gefolgt. Bis in die Mitte des zweiten Jahrhunderts hinein ist das Alte Tes- 10 tament die eigentliche Heilige Schrift aller Christengemeinden gewesen. Dieses Alte Testament umfaßte aber nicht nur die hebräischen und aramäischen Bücher des später sogenannten masoretischen Kanons, sondern auch die Schriften der griechischen Bibel, der Septuaginta, und 15 die sogenannten Apokryphen und Pseudepigraphen des Alten Testaments. Erst nach den geschichtlichen Katastrophen der Jahre 70 n. Chr. (Zerstörung Jerusalems) und 135 n. Chr. (Ende des Bar-Kochba-Aufstandes) hat das synagogale Judentum begonnen, aus diesem komplexen 20 Überlieferungsmaterial heraus den masoretischen Kanon auszugrenzen. Dieser mit den fünf Büchern Mose als der „Tora" (= dem Gesetz) beginnende und chronologische mit dem Buche Daniel abschließende Kanon der Synagoge ist uns zwar als das Alte Testament seit Jahrhunder- 25 ten vertraut; er ist aber nicht ohne weiteres identisch mit dem für die Urchristenheit maßgeblichen Alten Testament, sondern ihm gegenüber deutlich eine kritische beschränkte Auswahl. Die alttestamentlichen Apokryphen in Gestalt des Buches Jesus Sirach, der Weisheit Salomos, 30

217

das Baruchbuch the Book of Baruch   **usw.** (und so weiter) etc.   **lassen** ...
den tiefen Graben ... **gar nicht aufkommen** do not even let the deep rift
rise
traditionsgeschichtlich in the historical tradition

35   **aufreißen** (h.) (i, i) to tear open   **klassisch** classic(al)

der Zeuge (-n) witness

einschließend including   **weit** extensive   **der Schriftgebrauch** usage of
Scripture
neben besides   **vgl.** (vergleiche) see, check
40   **die neutestamentliche Traditionsbildung** building of the New Testament
tradition
stehen (h. and s.) (a, a) to stand, to be   **von ihren frühesten Anfängen an**
from its earliest beginnings

markiert marked   **der Abschluß** completion   **im Zeichen der Heiligen
Schrift des Alten Testaments** in the sign (testimony, evidence, proof) of
the Holy Scripture of the Old Testament

als when   **kirchlich** ecclesiastical   **die Bemühung** (-en) effort
45   **einsetzen** (h.) to begin
keineswegs by no means, not at all   **geht es keineswegs um das Neue Testament allein** it is by no means concerned with the New Testament
alone   **vielmehr** rather
stets always   **mehrschichtig** multilayer   **die Frage** (-n) question   **der Umfang** (-̈e) size, volume   **welchen Umfang das Neue Testament haben dürfe**
what size the New Testament might have
verbinden (h.) (a, u) to connect, to bind

50   **gebräuchlich** in use
die Form (-en) form

besser better   **sachgemäß** proper(ly), appropriate(ly)
ursprünglich original   **Griechisch** Greek   **sprechend** speaking

gemeinsam gebräuchlichen commonly in use
55   **aber von jüdischer Seite her** but from the Jewish side

beargwöhnt distrusted   **genauer** more   exact,   more   accurate,   more
precise   **die Übersetzung** (-en) translation
semitisch Semitic   **der Urtext** original text   **verdrängt** supplanted
formelhaft ausgedrückt formally expressed
der Abschluß completion
60   **einfach** simply, easily   **kein einfach vom Alten Testament ablösbares Neues
Testament** no New Testament which can easily be detached from the Old
Testament

des Baruchbuches usw. lassen für das Urchristentum den
tiefen Graben zwischen Altem und Neuem Testament, der
uns heute so viele Probleme macht, traditionsgeschichtlich gar nicht aufkommen. Dieser Graben wird erst durch
den masoretischen Kanon aufgerissen. Die klassischen   35
Zeugen für den die alttestamentlichen Apokryphen und
Pseudepigraphen   einschließenden,   weiten   Schriftgebrauch im Neuen Testament sind neben Paulus (vgl. 1.
Kor. 2,9) der Judasbrief und der 2. Petrusbrief. Die neutestamentliche Traditionsbildung steht also von ihren frü-   40
hesten Anfängen an bis zu ihrem durch den 2. Petrusbrief
markierten geschichtlichen Abschluß im Zeichen der Heiligen Schrift des Alten Testaments.

Als dann im 2. Jahrhundert die kirchlichen Bemühungen um den neutestamentlichen Kanon einsetzen, geht es   45
keineswegs um das Neue Testament allein! Es geht vielmehr stets um die mehrschichtige Frage, welchen Umfang
das Neue Testament haben dürfe, wie dieses Neue Testament mit dem Alten zu verbinden sei und in welcher Gestalt das Alte Testament kirchlich gebräuchlich bleiben   50
solle. Ob in Form des hebräisch-aramäischen Schrifttums
der Synagoge allein oder nicht besser und sachgemäßer
in Gestalt der ursprünglich bei den Griechisch sprechen-
den Juden und Christen gemeinsam gebräuchlichen, seit
dem 2. Jahrhundert n. Chr. aber von jüdischer Seite her   55
beargwöhnten und durch genauere griechische Überset-
zungen des semitischen Urtextes verdrängten Septuaginta. Formelhaft ausgedrückt: Es gibt von der Jesuszeit
an bis zum Abschluß des christlichen biblischen Kanons
im 4. und 5. Jahrhundert kein einfach vom Alten Testa-   60

219

die Trennung separation
gibt es nur bei Marcion exists only with Marcion **der Teil** (-e) part
der Gnostizismus Gnosticism **d.h.** (das heißt) that is **häretisch**
heretical **das Randchristentum** marginal Christianity
65 **die Gemeinde** (-n) church, community
vollzogen completed, carried out, executed **die Ergänzung** supplementa-
tion **die Überhöhung** elevating
der Glaubensirrtum false belief **verwerfen** (h.) (a, o) to reject, to dismiss

ment ablösbares Neues Testament. Eine scharfe Trennung beider Testamente gibt es nur bei Marcion und in Teilen des christlichen Gnostizismus, d.h. im häretischen Randchristentum. Es gibt sie natürlich auch von Seiten der Synagoge, welche die von den christlichen Gemeinden 65 vollzogene Ergänzung und Überhöhung des alttestamentlichen Schrifttums durch das neutestamentliche seit Ende des 1. Jahrhunderts als Glaubensirrtum verwirft.

221

Exercises

A. Select the most accurate translation of the italicized words or fill in the blank:

1. *Zu Beginn unserer Überlegungen ist an einige einfache historische Sachverhalte zu erinnern.* (l. 1)
   a. At the beginning of our deliberations one must recall several simple historical facts.
   b. Later in our deliberations one must recall simple facts.
   c. Earlier in our deliberations one had to recall some simple facts.
   d. At the beginning of our deliberations one must recall a few facts.

2. *Sie haben das Alte Testament* vom Ursprung aller christlichen Traditionsbildung an *als Heilige Schrift gelesen und ausgelegt.* (l. 4)
   a. They read and interpreted the New Testament as Holy Scripture.
   b. They read and interpreted the Old Testament as Holy Scripture.
   c. They interpret and read the New Testament as Holy Scripture.
   d. They will interpret and read the Old Testament as Holy Scripture.

3. *Bis in die Mitte des zweiten Jahrhunderts hinein ist das Alte Testament die eigentliche Heilige Schrift aller Christengemeinden gewesen.* (l. 9)
   a. Till the second century the Old Testament was the Scripture of the Christian church.
   b. Till the middle of the second century the Old Testament had been the proper Scripture of all Christian churches.
   c. Till the end of the second century the Old Testament had been the Scripture of the Christian church.
   d. Till the middle of the second century the Old

Testament was the proper Holy Scripture of all Christian churches.

4. ... *und die sogenannten Apokryphen und Pseudepigraphen des Alten Testaments.* (l. 15)
   a. ... and the Apocrypha and Pseudepigrapha of the Old Testament.
   b. ... and the Pseudepigrapha and Apocrypha of the Old Testament.
   c. ... and the so-called Apocrypha and Pseudepigrapha of the Old Testament.
   d. ... and the so-called Pseudepigrapha and Apocrypha of the Old Testament.

5. ... *aus diesem komplexen Überlieferungsmaterial heraus den masoretischen Kanon auszugrenzen.* (l. 20)
   a. ... to crystallize the Masoretic canon from this complex traditional material.
   b. ... to crystallize the Masoretic canons from this complex material.
   c. ... to crystallize the canon from this traditional material.
   d. ... to crystallize the Masoretic canon from the complex material.

6. ... *er ist aber nicht ohne weiteres identisch mit dem für die Urchristenheit maßgeblichen Alten Testament.* ... (l. 26)
   a. ... it is not identical with the authoritative Old Testament. ...
   b. ... it was, however, not directly identical with the Old Testament which was authoritative for Christianity. ...
   c. ... it is, however, not directly identical with the Old Testament which was authoritative for early Christianity. ...
   d. ... it is not directly identical with the Old Testament authoritative for Christianity. ...

7. ... *in Gestalt des Buches Jesus Sirach, der Weisheit Salomos, des Baruchbuches usw.* (l. 30)
   a. ... in the shape of the Book of Baruch, of Ecclesiasticus, Wisdom, etc.
   b. ... in the form of Ecclesiasticus, Wisdom, the Book of Baruch, etc.
   c. ... regarding Wisdom, the Book of Baruch, Ecclesiasticus, etc.
   d. ... in the forms of the Book of Baruch, Ecclesiasticus, Wisdom, etc.

8. ... *für den die alttestamentlichen Apokryphen und Pseudepigraphen einschließenden, weiten Schriftgebrauch im Neuen Testament.* ... (l. 36)
   a. ... for the extensive usage of Scripture in the Old Testament, including the Apocrypha and Pseudepigrapha. ...
   b. ... for the extensive usage of Scripture in the New Testament, including the Pseudepigrapha and Apocrypha of the Old Testament. ...
   c. ... for the extensive usage of Scripture in the Bible, including the Apocrypha and Pseudepigrapha. ...
   d. ... for the extensive usage of Scripture in the New Testament, including the Apocrypha and Pseudepigrapha of the Old Testament. ...

9. ... *die kirchlichen Bemühungen um den neutestamentlichen Kanon.* ... (l. 44)
   a. ... the ecclesiastical effort for the canon of the New Testament. ...
   b. ... the ecclesiastical efforts for the canon of the New Testament. ...
   c. ... the ecclesiastical efforts for the canon of the Old Testament. ...
   d. ... the ecclesiastical effort for the canons of the New Testament. ...

10. Es gibt von der Jesuszeit an bis zum Abschluß des christlichen biblischen Kanons im 4. and 5. Jahr-

hundert kein einfach vom ＿＿＿＿＿ ablösbares ＿＿＿＿＿. (l. 58)

a. Bibel/Heilige Schrift
b. Alten Testament/Neues Testament
c. Neuen Testament/Altes Testament
d. Evangelium/Altes Testament

B. Answer the following questions:

1. Was waren Jesus und seine ersten apostolischen Zeugen?

2. Wie haben sie das Alte Testament gelesen und ausgelegt?

3. Was war das Alte Testament bis in die Mitte des zweiten Jahrhunderts?

4. Was umfaßte dieses Alte Testament?

5. Was hat das synagogale Judentum nach den geschichtlichen Katastrophen der Jahre 70 n. Chr. und 135 n. Chr. gemacht?

6. Womit beginnt der Kanon der Synagoge?

7. Wie sah das Urchristentum die alttestamentlichen Apokryphen?

8. Was war im zweiten Jahrhundert eine wichtige Frage für die Kirche?

9. Was gab es von der Jesuszeit an bis zum Abschluß des biblischen Kanons im 4. und 5. Jahrhundert nicht?

10. Was verwirft die Synagoge als Glaubensirrtum?

25

Jahwe

Dietrich Mendt

Dietrich Mendt was born in Niederwiesa in East Germany in 1926. After studying theology at the Universities of Leipzig and Berlin, he received a scholarship from the Ecumenical Council in Basel and served as a student pastor in Leipzig.

He is now a member of the Higher Consistory in Dresden, the Commission for World Evangelization, and the Mission of the World Council of Churches. His *Fünf Minuten Kirchenkunde* is a very helpful glossary explaining sixty important biblical and ecclesiastical concepts.

From Dietrich Mendt, *Fünf Minuten Kirchenkunde* (Gütersloh: Gütersloher Verlagshaus Mohn, 1982), pp. 56–58. ©1967 by Evangelische Verlagsanstalt, East Berlin. Reprinted by permission.

Selections from Theologians

dann then   **glauben** (h.) to believe   **genau** exactly
wissen (h.) (u, u) to know   **dann glauben wir genau zu wissen** then we think
we know exactly   **meinen** (h.) to mean   **was wir damit meinen** what we
mean by that   **der Christ** (-en) Christian
vielleicht perhaps   **in Verlegenheit kommen** to be embarrassed
jemand someone   **heißen** (h.) (ie, ei) to be called   **wie unser Gott heißt** what
the name of our God is   **eben** simply, just
5   **die Art** (-en) species, type, kind, nature   **zugleich** at the same time, together
wenn auch even though   **die Götter** (pl.) (heathen) gods
sich vorstellen (h.) to conceive, to imagine

allerdings to be sure   **die Übersetzung** translation
vorkommen (s.) (a, o) to occur   **man** one   **statt dessen** instead or in place of
it   **der Herr** the Lord
10   **z.B.** (zum Beispiel) for example   **wobei** whereby, in which   **merkwürdig**
strange(ly)   **schreiben** (h.) (ie, ie) to write
nämlich namely, that is   **der Buchstabe** (-n) letter
der Anfang (⁀e) beginning   **andeuten** (h.) to point out, to indicate

der Eigenname proper name

hebräisch Hebrew   **auf hebräisch** in Hebrew   **tatsächlich** actually, in fact
15   **der Vokal** (-e) vowel   **kursiv** in italics   **setzen** (h.) to set

gleich at once, immediately
außerhalb outside   **schon** already
begegnen (s.) to meet, to encounter   **gewiß** certain   **die Ähnlichkeit** similarity

noch immer still   **das Lied** (-er) hymn   **wir singen . . . gern** we like to sing
20   **nehmen** (h.) (a, o) to take   **dabei** thereby   **Aber wir nehmen dabei ein Wort**
in den Mund But we are thereby taking into our mouth a word
gar nicht not at all   **zustandekommen** (s.) (a, o) to come about   **so** like this
jüdisch Jewish   **im jüdischen Gottesdienst** in the Jewish service of worship   **verbieten** (h.) (o, o) to forbid, to prohibit
aussprechen (h.) (a, o) to say, to utter, to pronounce   **heilig** holy   **auf diese**
Weise in this way
nahe close, near   **treten** (h. and s.) (a, e) to walk, to step   **ihm zu nahe treten**
to offend him

25   **der Leser** reader   **Bescheid wissen** to know, to be well informed
aus Versehen by mistake, through oversight

der Konsonant (-en) consonant

allein only, alone
die Vokalzeichen (pl.) vowel characters
30   **verbinden** (h.) (a, u) to connect   **erhalten** (h.) (ie, a) to get

228

Wenn wir von „Gott" reden, dann glauben wir genau zu wissen, was wir damit meinen, wir Christen. Und doch würden wir vielleicht in Verlegenheit kommen, wenn uns jemand fragte, wie unser Gott heißt. Er heißt eben „Gott", und er ist ein „Gott".... Gott ist Name und Art zugleich, 5 wenn wir uns auch neben diesem Gott keine anderen Götter vorstellen können. Aber die Bibel kennt einen Namen Gottes, der allerdings in der Übersetzung Martin Luthers nicht vorkommt: Da liest man statt dessen „Herr, HErr" (z.B. Jes. 50,4) wobei das zweite Herr merkwürdig ge- 10 schrieben ist, nämlich mit zwei großen Buchstaben am Anfang. Damit wollte Luther andeuten, daß das zweite „HErr" ein Eigenname ist, der Eigenname „Jahwe". Das andere „Herr" heißt auf hebräisch tatsächlich „Herr", nämlich *adonai*. Drei Vokale von adonai sind kursiv ge- 15 setzt, und ich werde gleich erklären, warum.

Außerhalb der Bibel ist uns allen schon ein Name Gottes begegnet, der mit „Jahwe" eine gewisse Ähnlichkeit hat: „Jehova". Wir singen noch immer gern das Lied: „Dir, dir, Jehova, will ich singen". Aber wir nehmen dabei ein Wort 20 in den Mund, das es gar nicht gibt. Es kam so zustande: Im jüdischen Gottesdienst war es verboten, den Namen Gottes auszusprechen. Gott war so heilig, daß man auf diese Weise ihm zu nahe getreten wäre. Statt dessen las man „Herr". Damit nun der Leser Bescheid wußte und 25 nicht aus Versehen das verbotene Wort in den Mund nahm, standen unter den Konsonanten von Jahwe, die im Hebräischen allein geschrieben werden, also JHWH, die Vokalzeichen von adonai, die wir oben kursiv gesetzt haben, also a, o und a. Wenn man beides verbindet, erhält 30

229

aber natürlich but of course   **erst seit** not until   **ausschreiben** (h.) (ie, ie) to write out in full (a name, etc.)

wahrscheinlich probably   **lieber Leser** dear reader   **woher** from where   **ursprünglich** originally

35   **obwohl** although   **nirgends** nowhere, not anywhere   **obwohl es doch so nirgends zu lesen ist** although it is nowhere to be read in this manner
doch yet, nevertheless   **zwar** indeed, to be sure, of course   **frühchristlich** early Christian
der Schriftsteller (-) writer   **griechisch** Greek   **der Buchstabe** (-n) letter

der Grund (⸚e) reason, cause, basis
40   **2. Buch Mose** Exodus   **die Geschichte** (-n) story

Moses gegenüber to Moses   **sich vorstellen** (h.) to introduce oneself   **mit Namen** by (his) name   **zeigen** (h.) to show
sozusagen so to speak, as it were   **der Ausweis** (-e) credentials, identification papers
legitimieren (h.) to legitimize, to prove the identity of   **bis dahin** until then, up to that time   **kennen** (h.) (a, a) to know
übersetzen (h.) to translate   „**Ich werde sein, der ich sein werde**" lit., "I shall be who I shall be"
45   **in neuester Zeit** quite recently   **nicht wenige** quite a few
der Forscher (-) scholar   **richtig** correct   **die Erklärung** explanation
sprachlich linguistically   **die Ableitung** derivation

„**der Hauchende**" "the breathing one"   „**der Blitzende**" "the lightning one"
„**der ins Sein Rufende**" "the one calling into existence"   **brauchen** (h.) to need   **allerdings** to be sure   **Das braucht uns allerdings nicht so sehr interessieren** This, to be sure, need not interest us so very much
kennenlernen (h.) to get to know   **sachlich** essential, technical, objective   **uns ist die sachliche Erklärung ... lieber und wichtiger** we prefer the objective explanation and consider it more important
sprachgeschichtlich linguistic, etymological

man das Wort „Jehova", das aber natürlich nicht gelesen wurde. Erst seit 1278 findet man „Jehova" ausgeschrieben. Sie werden wahrscheinlich fragen, lieber Leser, woher man heute weiß, daß dieses Wort ursprünglich „Jahwe" geheißen hat, obwohl es doch so nirgends zu lesen ist? 35 Doch, man kann es so lesen, und zwar bei frühchristlichen Schriftstellern, die mit griechischen Buchstaben nicht „Jehova" schreiben, sondern „Jabe" und auch „Jaovai", und das mußte doch einen Grund haben.

Im 2. Buch Mose 3,14 finden wir die Geschichte, in der 40 sich Gott Moses gegenüber mit Namen vorstellt. Er zeigt sozusagen seinen Ausweis, damit Mose ihn vor den Israeliten legitimieren kann, die ihn bis dahin nicht kannten. Die Bibel übersetzt dort seinen Namen: „Ich werde sein, der ich sein werde." In neuester Zeit gibt es nicht wenige 45 Forscher, die das für die richtige Erklärung halten, auch für die sprachlich richtige Ableitung des Namens „Jahwe". Andere meinen, es heiße „der Hauchende" oder „der Blitzende" oder „der ins Sein Rufende". Das braucht uns allerdings nicht so sehr interessieren, denn wir haben ja Gott 50 in der Bibel kennengelernt. Und uns ist die sachliche Erklärung, die Johannes diesem Namen gibt, lieber und wichtiger als die sprachgeschichtliche, wenn er nämlich sagt: „Gott ist Liebe" (1. Joh. 4,8).

Exercises

A. Select the most accurate translation of the italicized words or fill in the blank:

1. Und doch *würden wir* vielleicht *in Verlegenheit kommen.* . . . (l. 2)
   a. . . . we are embarrassed. . . .
   b. . . . we will be embarrassed. . . .
   c. . . . we had been embarrassed. . . .
   d. . . . we would be embarrassed. . . .

2. . . . *wenn wir uns auch* neben diesem Gott *keine anderen Götter vorstellen können.* (l. 6)
   a. . . . even though we cannot conceive of any other gods.
   b. . . . even though we will not conceive of any other god.
   c. . . . even though we cannot conceive of any other god.
   d. . . . even though we could not conceive of any gods.

3. *Da liest man statt dessen* „Herr, HErr". . . . (l. 9)
   a. There one read instead of this. . . .
   b. There one reads instead of this. . . .
   c. There one must read instead of this. . . .
   d. There one should read instead of this. . . .

4. . . . *wobei das zweite Herr merkwürdig geschrieben ist.* . . . (l. 10)
   a. . . . in which the second Lord is clearly written. . . .
   b. . . . in which the first Lord is strangely written. . . .
   c. . . . in which the second Lord is written strangely. . . .
   d. . . . in which the first Lord was written clearly. . . .

5. *Wir singen noch immer gern das Lied*: „Dir, dir, Jehova, will ich singen". . . . (l. 19)

a. We are still singing the hymn. . . .
b. We are singing frequently the hymn. . . .
c. We like to sing the hymn. . . .
d. We still like to sing the hymn. . . .

6. *Es kam so zustande.* . . . (l. 21)
   a. It came about like this. . . .
   b. It came thus. . . .
   c. It will come about like this. . . .
   d. It comes thus. . . .

7. . . . *das* aber *natürlich nicht gelesen wurde.* (l. 31)
   a. . . . which is not read, of course.
   b. . . . which will not be read, of course.
   c. . . . which was not read, of course.
   d. . . . which had not been read, of course.

8. . . . *und zwar bei frühchristlichen Schriftstellern.* . . . (l. 36)
   a. . . . and, indeed, in Christian writers. . . .
   b. . . . and, indeed, in early Christian writers. . . .
   c. . . . and, indeed, in early Christian writings. . . .
   d. . . . and, indeed, in Christian writings. . . .

9. . . . *in der sich Gott Moses gegenüber mit Namen vorstellt.* (l. 40)
   a. . . . in which God introduced himself to Moses by name.
   b. . . . in which God will introduce himself to Moses by name.
   c. . . . in which God has introduced himself to Moses by name.
   d. . . . in which God introduces himself to Moses by name.

10. In _____ Zeit gibt es nicht wenige Forscher. . . . (l. 45)
    a. neuer
    b. neuerer
    c. neuester
    d. neuere

B. Answer the following questions:
 1. Was ist Gott?
 2. Was kommt in der Übersetzung Luthers nicht vor?
 3. Was wollte Luther mit dem „HErr" andeuten?
 4. Wie heißt das erste „Herr" auf hebräisch?
 5. Mit welchem Namen hat „Jahwe" eine gewisse Ähnlichkeit?
 6. Was war im jüdischen Gottesdienst verboten?
 7. Wie verhinderte man, daß der Leser nicht aus Versehen das verbotene Wort in den Mund nahm?
 8. Seit wann findet man „Jehova" ausgeschrieben?
 9. Warum stellt sich Gott Moses gegenüber mit Namen vor?
10. Warum ist uns die sachliche Erklärung von Gottes Namen wichtiger als die sprachgeschichtliche?

26

Das Friedensreich der Endzeit

Theo Sorg

Theo Sorg was born in Nierstein in the state of Rhineland-Palatinate in 1929 and grew up in Marbach in the state of Württemberg. After studying theology at Bethel, Erlangen, and Tübingen, he served as curate in various Protestant parishes.

In 1955 Sorg became youth pastor in Stuttgart and in 1960 director of the Protestant youth work in Württemberg. Five years later he accepted a call as senior pastor of the Stiftskirche in Stuttgart and became a member of the Synod of the Protestant Church in Württemberg. In 1980 he was appointed prelate of the Stuttgart parish. Since 1983 he has also been serving as deputy to the bishop in Württemberg.

Sorg has written several books and contributed papers on various religious topics to the well-known Protestant journals *Theologische Beiträge* and *Das missionarische Werk*. His main areas of interest are homiletics, worship, and the strengthening of the church.

From Theo Sorg, "Die Bibel zum Thema Frieden," *Theologische Beiträge* (1982): 264–65. Reprinted by permission.

Selections from Theologians

die **Friedensbemühungen** (pl.) efforts for peace   **der Mensch** (-en) man; (pl.)
people, mankind   **ernst** seriously

ehrlich honestly   **meinen** (h.) to mean   **so ernst und ehrlich sie auch ge-**
meint sind no matter how seriously and honestly they are meant   **letztlich**
ultimately   **werden letztlich Fragment bleiben** will remain ultimately a
mere fragment

zu tief too deep(ly)   **das Gesicht** (-er) face   **die Welt** (-en) world   **das Zeichen**
(-) sign

menschlich human   **die Sünde** (-n) sin   **die Selbstbehauptung** self-assertion   **prägen** (h.) to stamp, to imprint

5 **liegen** (h. and s.) (a, e) to lie   **die Möglichkeit** possibility   **friedlich** peaceful
schaffen (h.) (u, a) to create   **der Friede** (-n) peace

allein alone   **sich vorbehalten** (h.) (ie, a) to reserve for oneself

auch wenn even if   **für uns** for us   **noch** still   **verborgen sein** to be hidden   **groß** big

die Mehrheit majority   **die Menschheit** mankind   **gleichgültig** indifferent,
unconcerned   **überhören** (h.) to ignore

10 **bestreiten** (h.) (i, i) to contest, to dispute, to deny   **davon ausgehen** (s.) (i, a)
to proceed from, to start with, to originate with   **mit Bestimmtheit** definitely, certainly, categorically

der Kosmos cosmos   **endgültig** finally, definitely, conclusively

darum therefore   **erhöhen** (h.) to exalt

15 **in dem Namen Jesu** in the name of Jesus   **sich beugen** (h.) to bow (down)
das Knie (-) knee   **aller derer Knie** the knees of all of those   **der Himmel**
(-) heaven

die Zunge (-n) tongue   **bekennen** (h.) (a, a) to confess

die Ehre (-n) honor   **als** as

der Auferstandene the risen one   **der Erhöhte** the exalted one

20 **der Wiederkommende** the returning one   **das Reich** (-e) the kingdom
die Gerechtigkeit justice   **bringen** (h.) (a, a) to bring   **auf das** for which   **die**
Gemeinde (-n) church

warten (h.) to wait   **Offb** (Offenbarung) Revelation   **jetzt** now   **schon** already
schwach weak   **der Dienst** (-e) service   **die Leute** (pl.) people

aufscheinen (s.) (ie, ie) to appear   **erst** first   **das Signal** (-e) signal

25 **einmal** once, one day   **alle und alles** all and everything   **umfassen** (h.) to
embrace

gegenwärtig present   **die Zeit** (-en) time   **leben** (h.) to live

die Gewalt des Bösen the power of evil   **triumphieren** (h.) to triumph

scheinen (h.) (ie, ie) to appear, to seem

gelten (h.) (a, o) to be a matter of   **gilt es** here, let us   **die Kirche** (-n)
church   **die Herrschaft** dominion   **gegen** against

jeder every   **der Widerspruch** disagreement, opposition, contradiction, conflict   **der Augenschein** (false or deceptive) appearance   **bezeugen** (h.) to
testify (to), to bear testimony (to)

30 **eigen** own   **die Reihe** (-n) rank, line   **halten** (h.) (ie, a) to keep

236

Alle Friedensbemühungen der Menschen, so ernst und ehrlich sie auch gemeint sind, werden letztlich Fragment bleiben. Zu tief ist das Gesicht dieser Welt von den Zeichen menschlicher Sünde und Selbstbehauptung geprägt. Es liegt nicht in der Möglichkeit der Menschen, eine friedliche Welt zu schaffen. Diese Welt des Friedens zu bringen hat Gott allein sich vorbehalten.

Auch wenn es für uns noch verborgen ist und die große Mehrheit der Menschheit es gleichgültig überhört oder bestreitet, so geht das Neue Testament mit Bestimmtheit davon aus, daß Jesus Christus der κύριος [Lord] ist, der Herr über den Kosmos, der an seinem Tag endgültig Frieden schaffen wird: „Darum hat ihn auch Gott erhöht und hat ihm den Namen gegeben, der über alle Namen ist, daß in dem Namen Jesu sich beugen sollen aller derer Knie, die im Himmel und auf Erden und unter der Erde sind, und alle Zungen bekennen sollen, daß Jesus Christus der Herr sei, zur Ehre Gottes, des Vaters" (Phil 2,10f). Als der Auferstandene und Erhöhte ist Christus auch der Wiederkommende, der das Reich seines Friedens und seiner Gerechtigkeit bringen wird, auf das seine Gemeinde wartet (2 Petr 3,13; Offb 21,1–5). Was hier und jetzt schon durch den schwachen Dienst seiner Leute an Zeichen des Friedens aufscheint, sind nur erste Signale des kommenden Friedens, der einmal alle und alles umfassen wird.

In der gegenwärtigen Zeit, in der wir in einer Welt leben, wo die Gewalt des Bösen zu triumphieren scheint, gilt es für die Kirche, die Herrschaft ihres Herrn gegen jeden Widerspruch, auch gegen den Augenschein zu bezeugen. Es gilt, in den eigenen Reihen Frieden zu halten,

237

um for **beten** (h.) to pray **die Kraft** (⁼e) power, force
fördern (h.) to promote, to support **zeitlich** temporal **dienen** (h.) to
serve **derjenige** (pl., diejenigen) that (pl., those)
die Macht (⁼e) power, force **entlarven** (h.) to expose, to unmask
behindern (h.) to hinder, to impede, to obstruct **unterdrücken** (h.) to oppress **die Aufgabe** (-n) task
35 **das Evangelium** (-ien) gospel

verkündigen (h.) to proclaim **die Versöhnung** reconciliation, atonement
einladen (h.) (u, a) to invite

die Gewalt power, violence **in den letzten Zeiten** in the end times
das Unermeßliche boundlessness **ins Unermeßliche** into boundlessness **steigern** (h.) to increase **die Botschaft** (-en) message
40 **entgegensetzen** (h.) to set over against, to oppose, to contrast **gilt es, die**
Botschaft vom Frieden Gottes entgegenzusetzen let us set the message of
the peace of God over against
nach innen und außen within and without **glaubhaft** credible, credibly
darstellen (h.) to portray
das Leiden suffering **bewähren** (h.) to prove, to confirm
wissen (h.) (u, u) to know **christlich** Christian
der Christ (-en) Christian **öffentlich** public
45 **das Leben** life **politisch** political **die Verantwortung** responsibility
sich bekennen (zu) (h.) (a, a) to profess **zeichenhaft** symbolically **etwas**
something
die Herrschaft dominion, rule **verwirklichen** (h.) to realize **sich bemühen**
(h.) to make an effort, to make every effort
Sie selbst sind es nicht It is not they themselves **das kommende Reich** the
coming kingdom
heraufführen (h.) to bring about

50 **das Ziel** (-e) goal **vor Augen** before them **deshalb** therefore
die Schwachheit weakness **die Fehlsamkeit** fallibility **dennoch** nevertheless, yet
der Atem breath **die Geduld** patience **versuchen** (h.) to attempt, to
try **stiften** (h.) to bring about
wo und wie immer wherever and however **möglich** possible **gleichzeitig**
simultaneously, at the same time
vergessen (h.) (a, e) to forget **oft genug** often enough
55 **das Erleiden** suffering **der Unfrieden** discontent, strife **das Unrecht** injustice
bewahren (h.) to preserve
gerade precisely **persönlich** personal **das Opfer** (-) sacrifice

das Martyrium martyrdom **gehören** (h.) to belong to
glaubwürdig credible, authentic **das Zeichen** (-) sign **mit denen** with which

um den Frieden in der Welt zu beten und alle guten Kräfte
zu fördern, die dem zeitlichen Frieden dienen, diejenigen
Mächte aber zu entlarven, die Frieden und Gerechtigkeit
behindern und unterdrücken. Aufgabe der Kirche ist es,
dem „Gott des Friedens" zu dienen, das „Evangelium des   35
Friedens" zu verkündigen und die Menschen zur Versöhnung mit Gott einzuladen. Der Herrschaft der Sünde, der
Gewalt und des Bösen, die sich in den letzten Zeiten dieser
Welt ins Unermeßliche steigern wird, gilt es, die Botschaft
vom Frieden Gottes entgegenzusetzen, diese Botschaft   40
nach innen und außen glaubhaft darzustellen und, wenn
es sein muß, sie im Leiden zu bewähren.

Das Neue Testament weiß nichts von einem christlichen Staat; aber es weiß von Christen, die im öffent-
lichen Leben, auch in der politischen Verantwortung sich   45
zu ihrem Herrn bekennen und die zeichenhaft etwas von
seiner guten Herrschaft zu verwirklichen sich bemühen.
Sie selbst sind es nicht, die das kommende Reich des Friedens schaffen; Gott allein wird es heraufführen. Aber sie
haben dieses Ziel vor Augen und können deshalb in aller   50
Schwachheit und Fehlsamkeit, aber dennoch mit dem
Atem christlicher Geduld versuchen, Frieden zu stiften,
wo und wie immer das möglich ist. Gleichzeitig werden
sie nicht vergessen, daß der Friede Gottes oft genug nur
im Erleiden von Unfrieden und Unrecht bewährt und be-   55
wahrt werden kann. Gerade das persönliche Opfer, das
Leiden und, wenn es sein muß, das Martyrium gehören
zu den glaubwürdigen Zeichen, mit denen man den Frieden bewahren kann.

Exercises

A. Select the most accurate translation of the italicized words or fill in the blank:

1. Alle Friedensbemühungen der Menschen, *so ernst und ehrlich sie auch gemeint sind.* ... (l. 1)
   a. ... no matter how seriously and honestly they are meant. ...
   b. ... how seriously and honestly they were meant. ...
   c. ... so honestly and seriously they are meant. ...
   d. ... likewise honestly and seriously they are meant. ...

2. Diese Welt des Friedens zu bringen *hat Gott allein sich vorbehalten.* (l. 6)
   a. ... God reserves for himself alone.
   b. ... God will reserve for himself.
   c. ... God will have reserved for himself alone.
   d. ... God reserved for himself alone.

3. *Auch wenn es für uns noch verborgen ist.* ... (l. 8)
   a. Also if it is still hidden for us. ...
   b. Because it is still hidden for us. ...
   c. Even if it is still hidden for us. ...
   d. Since it is still hidden for us. ...

4. ... *so geht das Neue Testament mit Bestimmtheit davon aus.* ... (l. 10)
   a. ... thus the New Testament starts with the certain fact. ...
   b. ... thus the New Testament starts obviously with the fact. ...
   c. ... thus the New Testament starts categorically with the fact. ...
   d. ... thus the New Testament starts with the fact. ...

5. ... daß in dem Namen Jesu sich beugen sollen *aller derer Knie.* ... (l. 15)

a. ... everyone's knee. ...
b. ... the knees of all those. ...
c. ... the knees of many who. ...
d. ... all the knees of those. ...

6. Was *hier und jetzt*. ... (l. 22)
  a. ... here and there. ...
  b. ... here and above. ...
  c. ... here and now. ...
  d. ... here and below. ...

7. ... *um den Frieden* in der Welt zu beten. ... (l. 31)
  a. ... with peace. ...
  b. ... for peace. ...
  c. ... by peace. ...
  d. ... through peace. ...

8. ... *diejenigen Mächte* aber zu entlarven. ... (l. 32)
  a. ... the powers. ...
  b. ... this power. ...
  c. ... that power. ...
  d. ... those powers. ...

9. ... *sie im Leiden zu bewähren*. (l. 42)
  a. ... to prove it in suffering.
  b. ... to endure trials in suffering.
  c. ... to examine it in suffering.
  d. ... to understand it in suffering.

10. Sie selbst sind es nicht, die das kommende Reich des Friedens _____. (l. 48)
  a. verstehen
  b. sehen
  c. schaffen
  d. brauchen

B. Answer the following questions:

  1. Was werden alle Friedensbemühungen der Menschen bleiben?

  2. Was ist von den Zeichen menschlicher Sünde und Selbstbehauptung geprägt?

3. Worüber ist Jesus Christus Herr?
4. Was für ein Reich wird Jesus Christus bringen?
5. Wer wartet auf dieses Reich?
6. In was für einer Welt leben wir heute?
7. Wofür soll man heute beten?
8. Was ist die Aufgabe der Kirche?
9. Spricht das Neue Testament von einem christlichen Staat?
10. Was sollen die Christen für den Frieden tun?

27

Der Zweck der Schrift, die Heilsgeschichte und die Stellung des Christus

Gerhard Maier

Gerhard Maier was born in Ulm, West Germany, on August 8, 1937. He studied law and then theology. He became an assistant of Professor Otto Michel in Tübingen and eventually received a doctorate in theology. From 1968 to 1973 he served first as curate and then as minister in Baiersbronn in the Black Forest. In 1973 he became supervisor of the Johann Albrecht Bengel Institute in Tübingen. Among his publications are *Mensch und freier Wille, Das Ende der historisch-kritischen Methode, Reich und Arm: Der Beitrag des Jakobusbriefes,* and *Wie legen wir die Schrift aus?*

Maier is very critical of the discipline of historical criticism, which has influenced the relationship between parish and university rather negatively. It should, he asserts, be replaced by emphasis on the importance and the unity of the Bible and of God's redemptive plan of salvation through Jesus Christ.

From Gerhard Maier, *Das Ende der historisch-kritischen Methode* (Wuppertal: R. Brockhaus Verlag, 1974), pp. 90–92. ©1974 by R. Brockhaus Verlag. Reprinted by permission.

Selections from Theologians

der **Vorbehalt** reservation **ja trotz desselben** indeed, in spite of it (lit., the same) **wagen** (h.) to dare
hinweisen auf (h.) (ie, ie) to point to **die Linie** (-n) course, line **die Autorität** authority
kanonisch canonic(al) **die ganze kanonische Schrift** the entire canon (of Scripture) **ausgehend** emanating **immer wieder** again and again
5 **treffen** (h.) (a, o) to find, to encounter **erstens** first **die Schrift des AT und des NT** the Scriptures of the Old and New Testaments **zwecklos** pointless, useless, purposeless
die Veranstaltung undertaking **der Hauptzweck** main purpose **hat einen durchgehenden Hauptzweck** has a main purpose running through it **nämlich** namely **die Rettung** salvation
das Böse evil **endgültig** final, ultimate, definite **die Hineinführung** introduction **die Gemeinschaft** communion
überflüssig superfluous, in excess **im Vergleich dazu** in comparison to that, compared to that
10 **das Wort** (-e) word **der Gedanke** (-n) thought **ausscheiden** (h.) (ie, ie) to eliminate, to exclude **notwendig** indispensable, essential, necessary, urgent
der Extrakt extract, essence **der Gesichtspunkt** point of view **unter dem genannten Gesichtspunkt** under the standpoint mentioned (above)
alles everything **erheischen** (h.) to demand **Beachtung erheischen** to demand attention **gewiß** certain
lockend attracting, enticing, drawing **die Magerkeit** leanness, spareness **der Kampf** (-̈e) struggle
erst first **letzt** last **die Seite** (-n) page **um den Menschen** for man
15 **ewig** forever, eternal **das Glück** happiness **oder** or **das Verlorensein** being lost, doom **in dem es um ewiges Glück oder ewiges Verlorensein geht** in which eternal happiness or being lost forever (or eternal doom) is at stake **träge** dull, idle, inactive
das Herz (-en) heart **der Gleichgültige** (-n) indifferent person **der Tor** (-en) fool **die Unvernunft** foolishness
wichtig important **die Irrlehre** false doctrine **das Dunkel** darkness
der Tod (-e) death **führen** (h.) to lead **beispiellos** unparalleled
die Härte (-n) harshness, ruthlessness **angreifen** (h.) (i, i) to attack **die Frage** (-n) question **die Wahrheit** truth **kennen** (h.) (a, a) to know
20 **keinerlei Toleranz** no tolerance at all **nur** only
die Langmut patience **noch** still **die Umkehr** conversion
tragende Liebe patient (enduring) love **dulden** (h.) to tolerate, to endure, to bear patiently **unnachgiebig** relentless, uncompromising **zerschlagen** (h.) (u, a) to shatter
die Offenbarungsansprüche (pl.) claims of revelation **anderswo** elsewhere **beharren auf** (h.) to stick to
die Verheißung promise
25 **daher** therefore **dualistisch** dualistic **Züge** (pl.) traits, features **aufweisen** (h.) (ie, ie) to show
in dem Sinne in the sense
die Willensmacht (-̈e) will power **grundsätzlich** basically **gleichberechtigt** having equal rights **auftreten** (s.) (a, e) to appear, to be found
aus den „Söhnen Gottes" from the "sons of God"
die Unfreiheit bondage **die Sünde** sin **Gottes Knecht** servant (slave) of God
30 **überwunden** subdued, conquered **endgültig** finally **verdammt** condemned, damned

244

Unter solchem Vorbehalt, ja trotz desselben, wagen wir auf Linien hinzuweisen, die eine von der Autorität der ganzen kanonischen Schrift ausgehende Theologie immer wieder treffen wird.

Erstens: Die Schrift des AT und des NT ist keine zwecklose Veranstaltung, sondern hat einen durchgehenden Hauptzweck, nämlich die Rettung des Menschen vor dem Bösen und seine endgültige Hineinführung in die Gemeinschaft mit Gott. Was überflüssig ist im Vergleich dazu, Worte oder Gedanken, scheidet sie aus. Sie ist der notwendigste Extrakt, in dem unter dem genannten Gesichtspunkt alles Beachtung erheischt. Darum eine gewisse, die Spekulation lockende Magerkeit. Darum ein Kampf von der ersten bis zur letzten Seite um den Menschen, in dem es um ewiges Glück oder ewiges Verlorensein geht. Träges Herz der Gleichgültigen und Toren, Unvernunft, die das Wichtigste nicht sieht, Irrlehre, die in Dunkel statt Licht, Tod statt Leben führt—sie werden mit oft beispielloser Härte angegriffen. In der Frage der Wahrheit kennt die Bibel keinerlei Toleranz; „Toleranz" hat sie nur dort, wo die Langmut Gottes noch die Umkehr möglich machen will oder tragende Liebe duldet. Unnachgiebig zerschlägt sie Offenbarungsansprüche anderswo. Sie beharrt auf dem einen Weg, der allein die Verheißung der Rettung hat. Man kann sagen, daß sie daher dualistische Züge aufweist, aber keinen Dualismus in dem Sinne, daß zwei Willensmächte grundsätzlich gleichberechtigt auftreten könnten. Denn der Satan, aus den „Söhnen Gottes", wird in Unfreiheit der Sünde Gottes Knecht, nur mit dem Wort des Christus überwunden und endgültig verdammt. Dem

245

Selections from Theologians

der Ausleger interpreter, exegete **deutlich** clear **Dem Ausleger wird deutlich** It becomes clear to the interpreter **die Verantwortung** responsibility **liegen (h.)** (a, e) to lie, to rest **indem** in that, because **das Tun** action, activities

der Kampf (ⁱe) battle, struggle **um ihn selbst** for himself **andere Menschen** other people

das Gegenteil opposite, reverse

35 **der Wissenschaftler** (-) scientist

zweitens second(ly) **bezeugen** (h.) to bear witness to **bewirken** (h.) to bring about, to cause, to effect **die Heilsgeschichte** history of salvation (God's redemption of mankind through Jesus Christ)

wie immer no matter how **der Sachverhalt** facts **genau** exactly, precisely **benennen** (h.) (a, a) here, to describe

Es geht um das Gegenteil menschlicher, gedanklicher Figurationen It deals with the opposite of human, intellectual figurations (images)

40 **die Tat** (-en) deed **die Geschichte** (-n) story, history **der Raum** (ⁱe) scope **deren Raum durch diesseitsbegrenzte, ehrenwert menschliche Horizonte nicht umschrieben werden kann** whose scope cannot be circumscribed by honorable human horizons limited to this life (or world)

allein but **das Dahingestelltsein-lassen** forming no opinion on

überirdisch supernatural, divine, spiritual **das Ereignis** (-se) event

45 **der Personenkreis** here, personal sphere **Die Schrift läßt keinen Zweifel am Personenkreis eines lebendigen Gottes** Scripture leaves no doubt about the personal sphere of a living God

die Schöpfermacht creative power

ermöglichen (h.) to make possible **umschließen** (h.) (o, o) to include, to surround, to enclose **gestalten** (h.) to form, to shape **oder gestaltet werden läßt** or has (it) formed

das Ebenbild (-er) image, likeness

gerade directly **im Menschwerdenkönnen** in the ability to become man, in the ability of incarnation

50 **unbegreiflich** incomprehensible, inexplicable **erscheinen** (s.) (ie, ie) to appear **tätig** active **fügen** (h.) to ordain, to order, to decree

das Geschehen event **mechanisch-kausal tun** to do in a mechanistic way

erregen (h.) to inspire

das Lob praise **der Betrachter** observer

die Geschichte history **das Ziel** (-e) goal

55 **das Heil** salvation **annehmen** (h.) (a, o) to take, to accept **voraussetzen** (h.) to assume

die Überwindung overcoming, conquest **restlos** complete **die Verwerfung** rejection, repudiation

nachfolgen (s.) to follow

die Gerechtigkeit justice **in immer neuen Anläufen** in continuous(ly) new advances

in einfühlendem Erbarmen in sympathizing mercy **in unbeirrbarer Bewährung** in unwavering confirmation

60 **die Treulosigkeit** faithlessness

Ausleger wird deutlich, daß die größte Verantwortung auf ihm liegt, indem er selbst mit seinem Tun ein Faktor dieses Kampfes um ihn selbst und andere Menschen wird. Der biblische Ausleger ist das Gegenteil des „neutralen Wissenschaftlers". 35

Zweitens: Die Schrift bezeugt und bewirkt „Heilsgeschichte"—wie immer man den Sachverhalt genau benennen will. Es geht um das Gegenteil menschlicher, gedanklicher Figurationen, nämlich um die realen „großen Taten Gottes" in einer Geschichte, deren Raum durch 40 diesseitsbegrenzte, ehrenwert menschliche Horizonte nicht umschrieben werden kann. Allein das Dahingestelltseinlassen überirdischer Personen und Ereignisse wäre theologische Blasphemie. Die Schrift läßt keinen Zweifel am Personenkreis eines lebendigen Gottes, dem das erste und 45 das letzte Wort gehört, dessen Schöpfermacht alles Existierende ermöglicht, umschließt, gestaltet oder gestaltet werden läßt. Wie sollten wir sonst Ebenbild sein können?

Dieser gerade im Persönlichen, im Menschwerdenkönnen am unbegreiflichsten erscheinende und tätige Gott fügt 50 alles Geschehen in seinen Plan. Daß er es nicht mechanisch-kausal tut, sondern mit freien Willensmächten, erregt gerade das Lob des Betrachters. Weil Gott einen Plan hat, hat die Geschichte ein Ziel. Sein Ziel in ihr ist das Heil aller, die es annehmen wollen. Dieses Heil setzt aber 55 die Überwindung und restlose Verwerfung des Bösen und alles Bösen, das ihm nachfolgt, voraus. Die Liebe findet ohne die Gerechtigkeit keinen Ort. Wie Gottes Liebe in immer neuen Anläufen, in einfühlendem Erbarmen, in unbeirrbarer Bewährung unter menschlicher Treulosigkeit, 60

247

in überlegenem Sieg in unsurpassed victory
schließlich finally **die Letztzeit** final times **ins Ziel schreiten** to reach the goal, to advance to the goal, to step to the goal
gerettet saved **eben** precisely **der Inhalt** content

die Wiederkunft return
65 **erwarten** (h.) to expect, to wait for **die „Seitenwahl"** choosing of sides
erkennen (h.) (a, a) to recognize

im tiefsten Sinne in the deepest sense **a-historisch** ahistorical
gelangen zu (s.) to arrive at
beglücken (h.) to bless, to make happy **das Zentrum** center **Uns stand das**
70 **Beispiel des lutherischen „was Christum treibet" vor Augen** We were
thinking of Luther's "what Christ is doing"

die Rechtfertigung justification **der Gottlose** (-n) godless person
unübersehbar vast **der Einschnitt** break, turning point
schlechthin plainly, absolutely, simply **entweder . . . oder** either . . . or **der**
schlechthin alles in der Schrift entweder zum Vorher oder Nachher stem-
pelt which plainly labels everything in Scripture either before or after

75 **wirken** (h.) to act, to work
„es ist alles durch ihn und zu ihm geschaffen" "everything was created by
him and for him"

in überlegenem Sieg von Epoche zu Epoche und schließlich durch die Letztzeit ins Ziel schreitet und den geretteten Menschen mitbringt, das ist eben der Inhalt der Heilsgeschichte nach der Schrift. Wer die Wiederkunft Jesu nicht erwartet, wer das Drama seiner „Seitenwahl" 65 in seinem Leben nicht erkennt, der lebt nach der Schrift im tiefsten Sinne a-historisch (ungeschichtlich).

Drittens und letztens: Jeder Ausleger gelangt zu einem ihn beglückenden Zentrum in der Schrift. Uns stand das Beispiel des lutherischen „was Christum treibet" vor Au- 70 gen, aber auch die Rechtfertigung der Gottlosen. Es gibt in der Schrift einen unübersehbaren Einschnitt, der schlechthin alles in der Schrift entweder zum Vorher oder Nachher stempelt. Das ist der Beginn des Neuen Testaments mit Jesus, dem Christus (Messias). Er wirkte schon 75 vor seiner Geburt durch Maria, denn „es ist alles durch ihn und zu ihm geschaffen."

Exercises

A. Select the most accurate translation of the italicized words or fill in the blank:

1. ... sondern hat einen durchgehenden Hauptzweck, *nämlich die Rettung des Menschen vor dem Bösen.* ... (l. 6)
   a. ... namely, the salvation of man from evil. ...
   b. ... namely, the salvation of men from evil. ...
   c. ... because of the salvation of man from evil. ...
   d. ... because of the salvation of men from evil. ...

2. ... *und seine endgültige Hineinführung in die Gemeinschaft mit Gott.* (l. 8)
   a. ... and his important introduction into communion with God.
   b. ... and his ultimate introduction into communion with God.
   c. ... and his necessary introduction into communion with God.
   d. ... and his special introduction into communion with God.

3. *Sie ist der notwendigste Extrakt,* in dem unter dem genannten Gesichtspunkt alles Beachtung erheischt. (l. 10)
   a. They are the essential extract. ...
   b. It is the essential extract. ...
   c. They are the most essential extract. ...
   d. It is the most essential extract. ...

4. *In der Frage der Wahrheit* kennt die Bibel keinerlei Toleranz. ... (l. 19)
   a. When it comes to truth. ...
   b. About the question of truth. ...
   c. With the question of truth. ...
   d. In the question of truth. ...

5. Dem Ausleger wird deutlich, *daß die größte Verantwortung auf ihm liegt.* ... (l. 30)

a. ... that great responsibility lies on him. ...
b. ... that great responsibilities lie on him. ...
c. ... that the greatest responsibilities rest on him. ...
d. ... that the greatest responsibility rests on him. ...

6. ... das Gegenteil des „neutralen Wissenschaftlers". (l. 34)
   a. ... opposing the "neutral scientist."
   b. ... opposing the "neutral scientists."
   c. ... the opposite of the "neutral scientist."
   d. ... the opposite of the "neutral scientists."

7. ... dem das erste und das letzte Wort gehört. ... (l. 45)
   a. ... who has the first and last word. ...
   b. ... to whom the last word belongs. ...
   c. ... to whom the first and the last word belong(s). ...
   d. ... who will have the first and last word. ...

8. Dieser ... im Menschwerdenkönnen am unbegreif-lichsten erscheinende und tätige Gott. ... (l. 49)
   a. This active God who is most incomprehensible in his ability of incarnation. ...
   b. This active God who seems to be most incomprehensible in his ability of incarnation. ...
   c. This God who seems to be most incomprehensible (in) and (who is) active in his ability of incarnation. ...
   d. This God who is most incomprehensible and active in his ability of incarnation. ...

9. ... *das ist eben der Inhalt der Heilsgeschichte nach der Schrift.* (l. 63)
   a. ... this is precisely the story of the history of salvation according to Scripture.
   b. ... this is in general the story of redemption according to Scripture.
   c. ... this is precisely the content of the history of salvation according to Scripture.
   d. ... this is just the story of redemption according to Scripture.

10. Uns stand _____ des lutherischen „was Christum treibet" vor Augen. (l. 69)
   a. die Auslegungen
   b. die Übersetzung
   c. die Worte
   d. das Beispiel

B. Answer the following questions:

1. Was ist der durchgehende Hauptzweck des AT und NT?

2. Worum geht es in der Bibel?

3. Bei welcher Frage kennt die Bibel keinerlei Toleranz?

4. Warum ist die Langmut Gottes so wichtig?

5. Wer wurde mit dem Wort des Christus überwunden und endgültig verdammt?

6. Was ist der biblische Ausleger?

7. Woran läßt die Schrift keinen Zweifel?

8. Warum hat die Geschichte ein Ziel?

9. Was ist der Inhalt der Heilsgeschichte nach der Schrift?

10. Welcher Einschnitt stempelt alles in der Schrift entweder zum Vorher oder Nachher?

PART 3

A Selection from Modern Christian Biography

28

Herbst 1938

Helmut Ziefle

Helmut Ziefle was born on April 2, 1939, in Heil-bronn-Sontheim. He attended the Theodor-Heuß-Gymnasium in Heilbronn and emigrated with his parents to the United States in 1956. He studied German at the State University of New York at Albany, where he received a B.A. in 1964 and an M.A. in 1966. From 1965 to 1967 he taught German at Bethlehem Central High School in Delmar, New York.

In 1967 Ziefle went to Wheaton College, where he is now head of the German department. While teaching at Wheaton, he continued with his graduate studies, earning a Ph.D. from the University of Illinois in 1973. Among his publications are *Sibylle Schwarz: Leben und Werk; One Woman Against the Reich (Eine Frau gegen das Reich);* and *Dictionary of Modern Theological German.* He has also edited *Sibylle Schwarz: Deutsche Poetische Gedichte.*

From Helmut W. Ziefle, *Eine Frau gegen das Reich* (Marburg an der Lahn: Verlag der Francke-Buchhandlung, 1983), pp. 7–18. ©1983 by Verlag der Francke-Buchhandlung. Reprinted by permission.

In meinem Deutschritterorden wird eine Jugend
heranwachsen, die die Welt in Schrecken versetzen wird.
Ich möchte eine herrische, furchtlose, grausame Jugend
haben. Sie darf keine Schwachheit oder Weichlichkeit
zeigen. Das freie und großartige Raubtier muß endlich
wieder aus ihren Augen glühen.

Adolf Hitler

Das Gold des Herbstes bezauberte das deutsche Gemüt.
Vergoldete Wälder und Berge und die frische Luft Süd-
deutschlands machte seine Menschen übermütig wie im
Rausch.

Aber Maria Ziefle lag still und angespannt in dem ver-
dunkelten Schlafzimmer. Ihre Augen starrten hinauf zur
Decke, sie konnte keinen Schlaf finden.

*In der Kälte der Mitternacht liege ich warm neben mei-
nem Gefährten, doch ich fühle eine Kälte, die mir bis in die
Seele kriecht—ein Tod, ein Gift, von dem wenige sprechen,
selbst wenn man sie danach fragt. Man hört in der Ferne
Geräusche. Zuerst ein Händeklatschen, dann Männerstim-
men, die in dem stampfenden Rhythmus ihrer Füße von
Deutschlands Stolz und Macht singen. Am schlimmsten
aber ist der beständige Marschtritt von Stiefeln auf unserem
Kopfsteinpflaster. Ich schaudere.*

*Die Fangarme des Hakenkreuzes schließen sogar das
kleine Sontheim ein. Gott, ich habe Angst um meine Familie, um mein Land. Ich bin hilflos, mein Mann ist hilflos
und meine drei Kinder noch mehr. Herr, gib uns Gnade
und Kraft für alles, was wir auszuhalten haben!*

Maria schüttelte die Müdigkeit nach einer schlaflosen
Nacht von sich ab und begann mit ihrer häuslichen Rou-
tine—dem morgendlichen Gang zum Fleischer, Bäcker

und schließlich zum Lebensmittelgeschäft nur um die Ecke. Am Nachmittag klopfte sie den Wohnzimmerteppich, wusch die Bettwäsche und setzte einen Braten auf. In Sontheim, dem freundlichen Vorort von Heilbronn, schien das Leben noch ganz normal zu verlaufen.

Maria blieb vor dem Spiegel auf dem Korridor der zweiten Etage stehen und strich sich die braunen Haare zurück, die sie im Nacken zu einem kleinen Knoten aufsteckte. Dann trat sie einen Schritt näher, um ihr Werk zu prüfen, und stockte. Die blauen Augen erschienen ihr blaß, die vollen Wangen hatten ihre frische, gesunde Farbe verloren. Ihr Gesicht war von Falten gezeichnet, und das graue Kleid ließ sie noch älter erscheinen. Die „Nazisache" lastete auf ihrer Seele. Aber das Abendessen mußte schließlich zubereitet werden.

Als sie sich mit einem Seufzer abwandte und sich anschickte hinunterzugehen, flog die Haustüre krachend ins Schloß, und im Flur hörte man eiliges Getrappel.

„Mama!" rief der elfjährige Kurt atemlos, als er bei der untersten Treppenstufe haltmachte. Maria mußte über den Überschwang ihres zweiten Sohnes lächeln. War er mit seinen dunkelblonden Haaren, dem athletischen Wuchs und seinem kühnen Unternehmungsgeist nicht nahezu die Erfüllung des arischen Traumes? Doch nicht durch einen nationalen Traum war die Freude begründet über den Sohn im Herzen der Mutter.

„Mama, ich war heute beim Jungvolk! Die Gruppenstunde war phantastisch!" Er machte eine Pause und schaute mit strahlendem Gesicht erwartungsvoll zu Maria auf.

Sie stockte auf halber Treppe. Ihr Lächeln schwand, als sie auf ihren Zweiten starrte. Seine vor Erregung tanzenden Augen waren ungetrübt und kindlich arglos. Und trotzdem—das Gift war jetzt in ihr Haus eingedrungen. „Freust du dich nicht darüber?" fragte er schließlich. Wie ein Kloß saß es ihr im Hals, und ihre Stimme klang rauh, als sie hervorstieß: „Junge, vergißt du so leicht?" „Was meinst du, Mama?" Er schaute sie verwirrt an. „Ganz gleich, welcher Organisation du beitrittst"—in ihrer Stimme lagen wieder Festigkeit und Vertrauen— „denke daran, daß du in erster Linie Jesus gehörst."

Maria und Georg Ziefle hatten die empfänglichen Seelen ihrer drei Kinder sorgfältig genährt. Reinhold, mit seinen dreizehn Jahren, Kurt und die zehnjährige Ruth waren sowohl Gegenstand ihrer beständigen Fürbitte wie auch der regelmäßigen Unterweisung in der Heiligen Schrift. Der lebendige Gott und sein Wort, die Bibel, waren unbestritten die Autorität in der Familie.

Aber die arglos vertrauenden Gemüter deutscher Kinder waren jetzt lauten, unerbittlichen Stimmen ausgesetzt. Männer rühmten eine neue Ideologie, durch die man Ehre und Ansehen der Nation wiederherstellen wollte. Fünf Jahre lang wurde die Kampfkraft der neuen Bewegung durch Radio, Kino, Paraden und Massenkundgebungen propagiert. Die Stimmen sprachen von einer überlegenen Rasse, Heldentum für das Vaterland und Treue dem Führer gegenüber. Gott schob man zur Seite als einen bemitleidenswerten Zuschauer.

Drei Jahre zuvor hatte Julius Streicher, der Herausgeber der Nazizeitung „Der Stürmer", vor vielen Tausenden Jugendlichen bei einem Treffen auf dem Hesenberg verkündet, Jesus sei der größte Antisemit aller Zeiten gewesen. Streicher forderte zum gemeinsamen Haß gegen die Juden auf und warnte: „Glaubt keinem Priester, solange er die verteidigt, die Christus selbst ‚Söhne des Teufels' genannt hat." Die geschickte Propaganda war zu stark für einen Heranwachsenden wie Kurt. Er fand Gefallen an der Disziplin, den Paraden und der Kameradschaft. Die mit Gott verbundenen Fundamente seines Lebens waren noch nicht stark genug. Als Hitler 1935 Heilbronn besuchte, war Kurt gegen den Willen seiner Eltern dorthin gegangen, so erpicht war er darauf, die Autokolonne des Führers zu sehen. Weil er nur ein Kind war, durfte er in der Menschenmenge sogar ganz vorn stehen. Die begeisterte Erregung, mit Tausenden von Zuschauern den „arischen Messias" zu empfangen, hinterließ bei ihm einen starken Eindruck. In kindlicher Arglosigkeit hatte er die Hoffnungen des Nationalsozialismus in sich aufgesogen.

Marias Vorbereitungen für das Abendessen gingen mehr gewohnheitsmäßig ohne rechte Konzentration vor sich. Als sich die fünf Ziefles eifrig zum Abendessen um den Tisch versammelten, fiel das Licht der untergehenden Herbstsonne in warmen Strahlen ins Eßzimmer ihres beigen Stuckhauses. Während Kurt sich selbst und seinen Stuhl näher an den dampfenden Rinderbraten heranschob, warf er in die Unterhaltung ein: „Von jetzt an müssen wir einander mit ‚Heil Hitler' grüßen."

Das fröhliche Geplauder verstummte. Beklemmende Stille machte sich breit. Vier Augenpaare waren auf Maria gerichtet. Sie preßte die Lippen aufeinander und schaute nach unten, um den bittenden Blicken zu entgehen. „Nein, Kurt", sagte sie mit resoluter Stimme, hob den Blick, schaute ihn an und schluckte. „Wir grüßen nicht einen Menschen anstelle von Gott. In diesem Haus werden wir weiter ‚Grüß Gott' sagen! Hast du das verstanden?"

„Ja, Mama." Er senkte den Kopf, um seine Verlegenheit zu verbergen. Georg nickte zum Einverständnis, und ein Lächeln der Bewunderung zeigte sich unterhalb seines dunklen Schnurrbartes. Er war ein Mann von bescheidener Erscheinung. Als Verkäufer von Nähmaschinen für die Firma Singer in Heilbronn war er sehr tüchtig. Sowohl Freunde wie Kollegen respektierten seine feine Haltung. Sein beruflicher Erfolg hatte der Familie ein sorgenfreies Leben ermöglicht. Wenn es jedoch um geistliche Weisheit ging, blickte er oft auf seine Frau. Sie empfing mit demütigem Herzen von dem Herrn, dem sie gemeinsam dienten, ein großes Maß an Autorität und Durchblick.

Das Abendessen verlief ohne weitere Zwischenfälle, doch die Stimmung war gedämpft. Nachdem Maria die Küche wieder in Ordnung gebracht hatte, nähte sie einen Saum an einem neuen Rock für Ruth. Die Kinder arbeiteten an den Hausaufgaben, und Georg las die Zeitung. Die Schlafenszeit rückte heran, doch erst gab es da noch das „Dämmerstündle". Diese Tagesschlußandacht hatte bereits eine zehnjährige Tradition im Hause. Jahrhunderte zuvor hatte Luther die Wichtigkeit der Gemeinschaft in der Familie und die christliche Erziehung der Kinder betont. Georg und Maria nahmen das als einen heiligen Auftrag an.

Maria rief die Kinder zum Wohnzimmer im ersten

Stockwerk. Die drei drängten sich auf der Couch zusammen. Die Eltern zogen sich Stühle heran und setzten sich ihnen gegenüber. Im Raum herrschte Dunkelheit. Nur der tanzende Lichtschein vom Kohleofen war zu sehen. Maria begann mit einer biblischen Geschichte, die sie in ihrer eigenen unnachahmlichen Weise erzählte. Es fiel ihr leicht, die Wahrheit von dem allmächtigen Gott weiterzugeben, und kein Theologe hätte die Männer und Frauen der Bibel interessanter und lebendiger schildern können. Die Familie sang gemeinsam einige Lieder und Chorusse. Ruth begleitete sie auf dem Harmonium, das in einer Ecke des Zimmers stand, und Kurt spielte dazu auf der Geige. Und dann knieten sie alle nieder in ihrem eigenen, immer dunkler werdenden Heiligtum und beteten einer nach dem andern.

Zum Abschluß erzählte Maria—wie es ihre Gewohnheit war—noch eine lehrhafte Geschichte aus dem Leben, und von denen kannte sie eine Menge. Auf diese Art wandte sie die biblischen Wahrheiten auf das tägliche Leben an. Die Kinder liebten diese Geschichten, und sie bestürmten ihre Mutter, sie wieder und immer wieder zu erzählen.

Nachdem Reinhold, Kurt und Ruth zu Bett gegangen waren, gingen Georg und Maria still die Treppe hinunter in ihr Schlafzimmer im Erdgeschoß. Kaum hatte Georg die Tür hinter sich geschlossen, schlang Maria beide Arme um ihn und zog ihn dicht zu sich heran. Allein mit ihm in der Dunkelheit, schimmerten ihre Augen feucht und ihre Lippen bebten. „Ich habe Angst vor der Zukunft", begann sie mit zitternder Stimme. „Ich weiß, wenn wir unser Problem zum Herrn bringen, wird er es lösen—aber wie? Wie können wir unsere Kinder schützen? Jetzt sind Reinhold und Kurt zu den Jungvolkstunden aufgefordert worden, und dort werden sie gelehrt, Gott zu hassen, die Kirche und sogar die Juden. Und die Nazis machen es denen so schwer, die nicht mit ihnen an einem Strang ziehen." Georg ging für einen Moment von ihrer Seite weg und schloß die Fensterläden. Er fröstelte unter der kühlen Herbstluft—oder war es dieser fremde, kalte Hauch, der aus der Dunkelheit nach ihnen griff? Dann trat er wieder auf seine Frau zu und küßte sie.

Er sprach leise, um Ruth, die im angrenzenden Zimmer schlief, nicht zu stören: „In den dreizehn Jahren unserer Ehe habe ich alle Kräfte eingesetzt, unsere Familie zu versorgen und zu beschützen, und ich bin stolz auf unsere Söhne und unsere Tochter. Ich werde alles tun, um sie zu schützen, damit sie dem Erlöser folgen." Als sie sich zum Schlafengehen fertiggemacht hatten, fuhr er fort: „Wir müssen sie zu den Zusammenkünften gehen lassen—das ist ein unerbittlicher Zwang. Aber für den Herrn ist es kein Problem, nicht wahr? Mit seiner Hilfe werden wir sie abschirmen können. Ich bete oft am Tag: ‚Herr, bewahre Reinhold, Kurt und Ruth, daß sie nicht der Nazipropaganda erliegen.‘ "

Die beiden gingen zu Bett und zogen die Steppdecke über sich. Maria schmiegte sich an ihren Mann und flüsterte: „Wenn nur mehr Männer in Deutschland so für ihre Kinder beten würden, dann wäre niemals diese Nazisache aufgekommen."

„Ich glaube nicht, daß ich etwas Besonders getan habe,

aber ich weiß, wie wichtig *dein* Einfluß in unserer Familie ist. Maria, du bist eine gute Frau und Mutter, und dein Glaube an den Herrn ist mit wunderbaren Kindern belohnt worden, die dich liebhaben." Georg stockte für einen Moment. „Ich möchte nicht gerne eine negative Einstellung meinem Land gegenüber haben; ich liebe Deutschland sehr. Aber wir beide wissen nur zu gut, daß üble Dinge geschehen. Ja, ich glaube, was auch immer mit unserem Volk geschieht, Gott kann unsere Familie bewahren. Meinst du nicht auch?"

Maria antwortete langsam: „Ich bin nicht sehr zuversichtlich, aber ich weiß, daß du recht hast. Gott hat uns nie im Stich gelassen."

„Ja, und deshalb ist es auch nutzlos, wenn wir hier liegen und uns Sorgen machen", sagte Georg tröstend. „Laß uns jetzt zur Ruhe kommen." Er küßte seine Frau herzlich, drehte sich zur Seite und war im nächsten Moment auch schon eingeschlafen.

Warum kann ich bloß nicht so leicht einschlafen? Herr, ich glaube, daß du über uns wachen wirst. Aber die Zukunft ist so unsicher. Was wird auf uns und unsere Kinder zukommen? Ich möchte nicht, daß sie die Härten erleben müssen wie ich als Kind.

Erinnerungen an ihre Kindheit zogen durch Marias Bewußtsein. Ihre Mutter war gestorben, als Maria neun Jahre alt war. Ihr Vater heiratete ein Jahr später wieder, doch die Stiefmutter war voller Groll auf die Stiefkinder. Oft mußten sie ohne Frühstück zur Schule gehen, und im Winter waren sie von dem beheizten Teil des Hauses ausgeschlossen.

Mit fünfzehn Jahren entfloh Maria den bedrückenden Verhältnissen ihrer Familie und nahm in Stuttgart eine Stelle als Hausgehilfin an. Es war nicht nur eine Erleichterung, nicht mehr bei der gehässigen Stiefmutter sein zu müssen, sie lernte auch mustergültige Haushaltsführung und wurde eine perfekte Schneiderin. Das waren Fähigkeiten, die später ihrem eigenen Haushalt und ihrer Familie zugute kamen. Niemals vergaß sie das Elend eines Elternhauses ohne Liebe.

Du hast mein Herz mit Liebe zu meinen Kindern erfüllt, himmlischer Vater. Laß unsere Familie nicht durch das Naziregime zertrennt werden. Bewahre unseren Glauben vor dem Wanken, was auch immer kommen mag.

Der Verkauf von Nähmaschinen war in dieser Woche sehr lebhaft gewesen, darum nahm Georg am Freitagnachmittag frei, um noch einige Besorgungen zu machen. „Ich werde in einer Stunde zurück sein, Mama", rief er seiner Frau zu, während er seine Jacke zuknöpfte. Er zog die Haustüre hinter sich ins Schloß, ging an den schmalen Blumenbeeten vorbei und bestieg sein Fahrrad. Zu Woolworth in Heilbronn wollte er, um einiges einzukaufen, was die Kinder für die Schule brauchten.

Von plötzlicher Unruhe ergriffen, rannte Maria aus der Küche, riß die Tür auf und rief ihm nach: „Sei vorsichtig! Es passiert jetzt so viel Eigenartiges in den Straßen."

Er verschwand hinter dem Zaun, aber Maria konnte ihn noch von der Straße her hören: „Mach dir keine Sorgen, Mama, ich gebe acht!"

Die Juden im Raum Heilbronn waren in den vorher-

265

gehenden Monaten immer stärker von den Nazis belästigt worden. Auch Dr. Picard, ihr Hausarzt, war durch Telefonanrufe bedroht worden. Es hieß, die Braunhemden hätten vor jüdischen Geschäften, einschließlich Woolworth, die Reifen der dort abgestellten Fahrräder aufgeschlitzt. Georg hielt es für bloßes Gerede. Während er die Straße hinunterradelte, grüßte er herzlich Nachbarn und Bekannte. Nach einer Viertelstunde stellte er sein Fahrrad vor Woolworth zwischen einem Dutzend anderer ab.

Die Tür fiel mit einem Knall hinter ihm ins Schloß, als Georg, wieder aus der Stadt zurück, das Haus betrat. Maria blickte auf, als er in die Küche gestampft kam, sein Gesicht angespannt vor Zorn. Er schlug mit der Faust auf den Tisch.

„Ich war nur zehn Minuten bei Woolworth—zehn Minuten! Und als ich herauskam, hatten mir doch diese Gangster beide Reifen aufgeschlitzt."

„Und wo hast du dein Rad jetzt?" fragte Maria. Ihre Stimme zitterte etwas.

„Ich mußte es den ganzen Weg bis nach Hause schieben. Maria, das geht zu weit. Wenn diesen Barbaren nicht das Handwerk gelegt wird, werden sie bald Schlimmeres als das den Juden in unserer Stadt antun. Aber Gott wird nicht die Verfolgung unschuldiger Menschen übersehen."

„Papa, wir sollten gerade jetzt für unsere jüdischen Freunde und für unsere Kinder beten." Vor der Couch knieten sie zusammen nieder.

Als sie sich einige Minuten später wieder von ihren

Knien erhoben, war ihr Glaube neu gestärkt worden. Reinhold und Kurt kamen ins Haus gestürmt, die Schultaschen schlugen ihnen gegen die Beine.

„Na, wie war es heute in der Schule, Jungs?" fragte ihr Vater und grüßte sie mit einem Lächeln. Er hoffte, daß sie ihre Schwester bei ihrem Rennen nicht zu weit zurückgelassen hatten.

Die beiden schauten einander an und gaben dann zögernd Auskunft: „Wir werden jetzt in der Schule keine Religion mehr haben. Sie haben es geändert in Weltanschauungsunterricht."

„Und wer gibt das Fach?" fragte Georg matt.

„Hm—wir haben immer noch den gleichen Lehrer, Direktor Otterbacher."

Die Eltern lächelten erleichtert, als Kurt ihnen berichtete: „Heute hat er uns von der Bedeutung der zwölf Stämme Israels erzählt." Kurt war nicht sehr begeistert von religiösen Dingen, aber er bewunderte Otterbacher, der trotz der Unruhen mit seinem ausgezeichneten biblischen Unterricht fortfuhr.

Schon mit elf Jahren hatte Kurt einen Blick für den Charakter eines Menschen. Vor Männern, die aus Furcht ihre Prinzipien über Bord warfen, hatte er keinen Respekt. Bei Herrn Weber, seinem Grundschullehrer, war das der Fall. Weber hatte ursprünglich bekannt, ein Christ zu sein. Aber als die Nazis an die Macht kamen, erlag er schnell ihrer Weltanschauung und lehrte sie an der Schule.

Kurt, der den charakterlichen Unterschied zwischen diesen beiden Männern klar erkannte, hatte Achtung vor seinem Religionslehrer. Georg und Maria waren zuversichtlich: Solange Otterbacher unterrichtete, würden ihre Jungen eine gesunde christliche Unterweisung erhalten. Er würde nicht den Forderungen der Nazis klein beigeben.

Der Sonntag rückte heran und mit ihm eine neue Krise für die Ziefles. Bis dahin hatte man in den Schulen mittwochs einige Stunden abgezweigt zur politischen Unterweisung in den Lehren des Nationalsozialismus und auch zu vormilitärischen Übungen. Aber mit Beginn dieses Monats wurde an jedem zweiten Sonntag die Beteiligung an den Veranstaltungen des Jungvolks gefordert. Am 8. Oktober erwartete man also von Reinhold und Kurt, daß sie die Kirche versäumten, um daran teilzunehmen.

An diesem Sonntag war die Stimmung am Frühstückstisch sehr gedämpft. Jeder begriff wohl den Konflikt, der über ihnen schwebte. Als Maria den Kaffeetisch abräumte, sah sie Kurt mit ernstem Ausdruck auf sie zukommen. Ihr Mut sank, als er sagte: „Mutter, du weißt ja, daß ich heute morgen zum Jungvolk muß. Ich werde rechtzeitig zum Mittagessen zurück sein." Er drehte sich um und ging zur Tür.

Maria wandte sich langsam um und fragte Reinhold: „Wirst du mit ihm gehen?"

„Nein, Mama. Ich bin ein Christ, und ich gehe zur Kirche."

In ihrer geraden Art konnte sie nur schwer die Tränen zurückhalten und es sich versagen, ihn in die Arme zu schließen. „Das ist gut, Junge. Das ist gut", sagte sie.

Die vier Ziefles gingen still durch das Tor und dann die Ackermannstraße hinunter. Reinhold und Ruth schlenderten in ihrer neuen Matrosenkleidung, die ihre Mutter für sie genäht hatte, die Straße hinunter. Wie klein wirkten sie gegen die riesigen Backsteinbauten der Ackermann-Garnspinnerei, von denen die Straße zu beiden Seiten eingefaßt war. Maria war ganz mit ihren Gedanken an das fehlende Glied der Familie beschäftigt.

In zehn Minuten hatten sie die einzige protestantische Kirche Sontheims, die Matthäuskirche in der Hauptstraße, erreicht.

Die Braunhemden und die Nazisympathisanten standen vor ihrer Dienststelle auf der gegenüberliegenden Seite, um die Gläubigen zu belästigen. Laut drohten einige, die Kirchgänger mit Holzklötzen zu bombardieren. Die Ziefles aber stiegen still die Stufen zum Eingang der Kirche hinauf, ohne nach rechts oder links zu schauen.

Das Innere der Kirche war schmerzlich leer. Von den zweitausend Mitgliedern waren an jenem Sonntagmorgen nur etwa zwanzig zugegen, und das waren zumeist ältere Frauen. Sogar das wunderbare Deckenfresko, das Christus als das Lamm Gottes darstellte, erschien starr und kalt in dem nahezu leeren Gebäude.

Um zehn Uhr dreißig läuteten die Kirchenglocken, und Pastor Brendle erschien. Nach einem kurzen Bittgebet kündigte er den Choral an: „Lobe den Herren, den mächtigen König der Ehren". Der dünne Gesang der kleinen Gemeinde ohne Orgelbegleitung hallte schwach von den Wänden des großen Gebäudes wider.

Während Maria sang, schaute sie besorgt zu dem Pastor hinüber. Seine muskulösen Schultern hingen herab und ließen ihn wesentlich älter als vierzig Jahre erscheinen.

Sein Haar schien dünner geworden zu sein, und der Ausdruck seiner Augen war traurig, enttäuscht und besorgt.

Drei Jahre zuvor hatte er die Nazis als Reaktion auf die scharfen Kontrollen der Kirchen in einem Artikel seines Kirchenberichtes kritisiert wegen ihres unrechten Verhaltens. Er hatte eine Stelle des Galaterbriefes zitiert, wo Paulus sagt: „Denn da etliche falsche Brüder sich mit eingedrängt hatten und neben eingeschlichen waren, auszukundschaften unsere Freiheit, die wir haben in Christo Jesu, daß sie uns gefangennähmen." Die Nazis rächten sich, indem sie seine Kirchenberichte sechs Monate verboten.

Obwohl es ihm nicht möglich war, von der Kanzel herab die Regierung zu kritisieren, weil man ihn dann verhaftet hätte, tat Brendle doch alles, was in seiner Macht stand, um das geistliche Wohlergehen seiner Gemeinmitglieder sicherzustellen. Er kämpfte hartnäckig darum, daß das Wort Gottes und die geistliche Unterweisung hochgehalten wurden. Die Gestapo führte bei ihm strenge Untersuchungen durch, und das Schulamt kritisierte ihn beständig. Eines Tages schlossen die Nazis sogar die Kirche und verhinderten, daß Pastor Brendle weiter Religionsunterricht in der Schule geben konnte unter dem Vorwand, daß die Maul- und Klauenseuche in diesem Gebiet herrsche. Diese Schikane war eine unverschämte Beleidigung deutscher Gesetze und deutscher Tradition.

Bei den letzten Klängen des Chorals fingen draußen Trompeten an zu schmettern und rohe Stimmen sangen Hitlerlieder, die in die Stille der Kirche eindrangen. Pastor Brendle stieg befangen auf die Kanzel, um zu predigen. Nach einem Moment der Unsicherheit begann er, doch man konnte ihn kaum hören.

Georg sprang von seinem Sitz auf, das Gesicht rot vor Zorn. Maria griff verzweifelt nach einem Zipfel seines Mantels und zog ihn wieder auf seinen Platz zurück.

„Tu jetzt nichts", bat sie flehentlich im Flüsterton, „um unserer Familie und der Kirche willen." Ihre Finger umklammerten fest den Zipfel seines Wollmantels. Mit zitternden Händen, den Mund zusammengepreßt, blieb Georg in der Bankreihe sitzen.

Der Pastor setzte pflichtgetreu seine Predigt fort, obwohl er bei dem ohrenbetäubenden Gesang und Geschrei draußen kaum sein eigenes Wort verstehen mochte. Seine unerschütterliche Selbstbeherrschung war die größte Predigt, die er seit Monaten gehalten hatte. Oft, wenn er in seiner Predigt komplizierte orthodoxe Lehrmeinungen vertrat, verwirrte das die Gemeinde. Heute aber erreichte die Botschaft des Hirten ihre Herzen, obwohl kaum ein Wort der Predigt hörbar war.

Auf dem Weg nach Hause konnten Ruths lustig hin- und hertanzenden Zöpfe den Ernst nur wenig aufhellen, der über ihnen lag. Sie hatten das Bedürfnis, ihren Gefühlen Luft zu machen. Sogar Marias gefühlsmäßige Beherrschung war offensichtlich erschüttert.

Während die Kinder ihnen vorausgingen, grollte Georg mit leiser Stimme: „Wann wird das enden, Mama? Meine Geduld ist bald dahin. Es ist eine solche Spannung auf der Arbeit, zu Hause und jetzt auch in der Kirche!"

„Ich wünschte, ich hätte eine Antwort." Marias Augen waren in die Ferne gerichtet. „Gott weiß es, aber irgendwie scheint es, als sei das wirklich nicht genug, nicht wahr?"

Kurt stand schon am Tor und wartete auf die Rückkehr seiner Angehörigen. Strahlend rief er aus: „Ich muß euch erzählen, was wir heute morgen im Jungvolk gemacht haben!" Schweigend schritt die Familie zur Haustür.

Exercise

Answer the following questions:
1. Was für eine Jugend wollte Hitler in Deutschland heranwachsen lassen?
2. Was hörte Maria, als sie im Bett lag?
3. Woran mußte Maria Kurt erinnern, als er vom Jungvolk zurückgekommen ist?
4. Können wir es verstehen, daß es Kurt dort so gut gefallen hat?
5. Wie ist das Verhältnis zwischen Georg und Maria?
6. Was geschieht fast immer zu Hause, bevor die Kinder zu Bett gehen?
7. Was erzählte Maria den Kindern am Ende des „Dämmerstündle"?
8. Warum mußte Maria ohne Frühstück zur Schule gehen, als sie zehn Jahre alt war?
9. Was für eine Nachricht brachten Reinhold und Kurt zurück von der Schule?
10. Was konnte Kurt schon als elfjähriger erkennen?

Autumn 1938

From Helmut W. Ziefle, *One Woman Against the Reich* (Minneapolis: Bethany House, 1981), pp. 11–21. ©1981 by Bethany House Publishers, Minneapolis, Minnesota 55438. Reprinted by permission.

In my Teutonic order, a youth will grow up which will frighten the world. I want a masterful, fearless, and ferocious youth. They cannot show any weakness or tenderness. The free and magnificent beast of prey must finally glow again from their eyes.

Adolf Hitler

The gold of autumn was magic to the German spirit. Gilded forests and mountains and the brisk air of southern Germany intoxicated its people with exuberance.

But Maria Ziefle lay silent and tense in the darkened bedroom, her eyes staring at the ceiling, sleep evading her.

In the chill of the midnight, as I lie warm with my mate, I feel cold that creeps into my soul—a death, a poison that few speak of, even if asked. There are sounds in the distance. First the

273

clapping of hands, then the stamping of feet accompanying male voices in songs of German pride and might. The steady beating of boots upon our cobblestone street is the worst. I shiver.

The tentacles of the swastika are enclosing even little Sontheim. God, I am afraid—for my family, for my country. I am helpless, my husband is helpless, and my three children, most of all. God, give us grace and strength for whatever we must endure.

Shaking off her weariness after a sleepless night, Maria proceeded with her domestic routines—a morning trip to the butcher, the bakery, and finally the food market just around the corner. In the afternoon she beat the living-room rug, washed bedding, and put a roast in the oven. In Heilbronn's gentle suburb of Sontheim, life still appeared ordinary.

Maria paused before the mirror in the upstairs corridor. Smoothing her brown hair back into the little bun at the nape of her neck, she stepped closer to check her work and hesitated. The blue eyes seemed faded, her full cheeks had lost their lively ruddiness; her face was now drawn and lined. The gray dress only accentuated her aged appearance. This Nazi thing was wearing at her soul. But supper had to be cooked.

As she turned away with a sigh and began descending the stairs, the front door banged shut and footsteps clattered in the hall.

"Mama!" eleven-year-old Kurt exclaimed, breathless as he halted at the bottom of the steps. Maria couldn't help but smile at her second son's exuberance. Dark blond, athletic, and adventurous, he was the near fulfilment of the Aryan dream. But no national dream could account for the joy this son brought to a mother's heart.

"Mama, I joined the Jungvolk [the junior division of Hitler's youth organization] today! The meeting was terrific!" He paused expectantly, his bright face upturned toward Maria.

Halfway down the steps, Maria's smile faded as she stared at her second child. His eyes dancing with excitement were untroubled and childishly innocent, but the poison was now in her home.

"Aren't you happy I joined?" he asked finally.

Her throat tightened, but she pushed the words out stiffly. "Son, do you forget so easily?"

"What do you mean, Mama?" He looked puzzled.

"No matter what you join"—her voice had regained its steady confidence—"remember that first you belong to Jesus."

Maria and George Ziefle had carefully nurtured their three children's impressionable spirits. Reinhold, now thirteen, Kurt, and ten-year-old Ruth were the objects of their parents' frequent prayers and regular Bible teaching. The Creator and his written Word wielded unquestioned authority in the Ziefle household.

But the trusting minds of German children were now subject to strong, more adamant voices. Men were extolling a new plan to restore the nation's shaken glory. For five years the militarism of the "new liberation" movement had been propagated through radio, films, parades, and rallies. The voices spoke of a superior race, heroism for the fatherland, and allegiance to the Führer. And God was pushed aside as a pathetic bystander.

Three years earlier, Julius Streicher, publisher of *Der Stürmer*, told two hundred thousand youth at a festival on Hesenberg Mountain that Jesus Christ was "the greatest anti-Semite of all time." Urging them toward a united hatred of Jews, he warned, "Don't believe in priests as long as they defend people whom Christ called 'sons of the devil.'"

Such group pressure was strong for a preadolescent like Kurt. The discipline, the parades, and the camaraderie appealed to him. And the God-cemented foundations of his life were not yet strong enough. When Hitler visited Heilbronn in 1935, Kurt had eagerly gone, against his parents' wishes, to watch the Führer's motorcade. Because he was just a child, he was allowed to stand at the front of the crowd. The thrill of saluting the Aryan "messiah" with thousands of other bystanders left a strong impression on his mind. Innocently he had embraced the hopes of Naziism.

Maria's supper preparations were more from habit than concentration that evening. The five Ziefles eagerly gathered for the meal as lukewarm rays of autumn sunset illuminated the dining room of their beige stucco house. Kurt, pulling himself and his chair closer to the steaming beef roast, announced above the conversation, "From now on we must all greet one another by saying, 'Heil Hitler!'"

The happy chatter ceased; silence gripped them as if it were a strangler. Four pairs of eyes turned toward Maria.

Her lips tightened as she glanced downward to avoid the pleading stares. "No, Kurt." Her voice was resolute. Maria lifted her eyes toward him and swallowed. "We do not salute a man in place of God. In this house we will continue to say, 'Grüss Gott.' Is that understood?"

"Yes, Mama." He hung his head, trying to hide his embarrassment. George nodded his approval, and a smile of admiration showed beneath his dark mustache. A man of modest physique, he was unmatched in his aggressive selling of sewing machines for the Singer Company of Heilbronn. Both friends and business colleagues respected his keen balance of ambition and high moral standards, and his success had provided his family with a comfortable life. For spiritual wisdom, however, he often looked to his wife, who humbly received a flow of authoritative insight from the Lord whom they both followed.

Supper, though subdued, continued without further incident. Maria cleaned the kitchen, then finished the hem on a new skirt for Ruth. The children worked on school assignments and George read his newspaper. Bedtime was approaching, but first there must be "Dämmerstündle."

The devotional time at dusk had been a ten-year tradition in this household. Centuries before, Martin Luther had stressed the importance of family togetherness and Christian education of children in the home; George and Maria accepted it as a divine commission.

Maria called the children to the second-story living room, the three crowding together onto the couch. Their parents each pulled up a chair facing them. Except for the dancing glow from the coal stove, the room was in darkness.

Maria began with a story from the Bible, told in her own inimitable way. Passing on truths regarding the Almighty came easily to her, and no theologian could make the men and women of Scripture seem more exciting and alive. The family joined in singing several hymns and choruses, Ruth accompanying them on the pump organ that stood in the corner of the room with Kurt playing his violin. Then, in their own darkened sanctuary, they knelt on the floor and each in turn prayed.

As was her custom, Maria concluded with a practical story

276

of moral courage, of which she seemed to know dozens. This was her way of applying biblical truths to everyday life. The stories delighted the children and they would beg her to retell them again and again.

After Reinhold, Kurt, and Ruth proceeded to their beds, Maria and George silently descended the stairway and entered their bedroom on the first floor. As her husband closed the door behind them, Maria slipped both arms around his waist and pulled him close to her. Alone with him in the darkness, her eyes glistened with moisture and her lips trembled. "I'm afraid of the future," she began, her voice quivering. "I know that if we bring our problem to the Lord, he will work it out—but how? How can we save our children? Now Reinhold and Kurt are required to attend meetings where they are taught to hate God, the church—even Jews. And the Nazis make it so difficult for people who won't cooperate with them."

George stepped away for a moment to close the shutters. He shivered from the autumn coolness—and from that strange chill which seemed to thrive in the darkness. He returned and kissed his wife.

He spoke softly to avoid disturbing Ruth in the adjoining room. "For thirteen years of marriage I've devoted all my strength to providing for and protecting our family. I'm so proud of our sons and our daughter. I'll do anything to insure that they follow our Savior." As they prepared for bed he continued, "For now, we will have to let them attend the meetings—that is the law. But that is no problem for the Lord, is it? With his help, we will preserve them. I'm sure I pray ten times a day, 'God, keep Reinhold, Kurt, and Ruth from being destroyed by the Nazi philosophies.'"

The couple climbed into bed and pulled the comforter over them. Maria slid close and whispered, "If only more men in Germany prayed for their children as you do, this Nazi thing would never have begun."

"I don't think that I've done anything very great, but I know how important *your* influence is in our family. You are a good wife and mother, Maria, and your faith in the Lord has been rewarded with wonderful children who love you." George stopped for a moment. "I don't like to be negative about my country; I love Germany very much. But you and I both realize that there are bad things going on. Yet I think that whatever happens to the nation, God can keep our family. Don't you agree?"

Maria replied slowly, "I don't feel very confident about it, but I know you're right. God has never let us down."

"No use lying here worrying, then," George said with a comforting squeeze. "Let's get some rest." He kissed his wife heartily, then rolled over and fell asleep almost instantly.

Why can't I fall asleep so easily? God, I do trust that you will take good care of us. But the future is so uncertain. What will happen to us, to our children? I would not want them to face the hardships I faced as a child.

Thoughts of her early years raced through Maria's consciousness. Her mother had died when Maria was nine. A year later, her father remarried, but his new wife resented the stepchildren. Often she sent them to school without breakfast, and during the winter she shut them out of the heated portion of the house.

At fifteen, Maria escaped from the oppressive homelife and obtained work as a housekeeper in Stuttgart. Not only did she gain relief from her spiteful stepmother, but she learned strict standards of housekeeping and became an accomplished seamstress. These were skills she put to good use in her own home. And she never forgot the misery of living in a home without love.

You've filled my heart with love for my children, heavenly Father. Don't let our family be torn apart by this Nazi regime. Keep our faith from wavering, whatever comes.

Sewing machine sales had been very brisk that week, so George took Friday afternoon off to do some errands. "I'll be back in an hour, Mama," he called to his wife as he buttoned his jacket. Pulling the front door shut behind him, he walked past the small flower bed and climbed onto his bicycle; he was riding to the Woolworth store in Heilbronn to purchase school supplies for the children.

Concern gripped Maria's heart as she ran from the kitchen and flung open the door. "Be careful! Too many strange things have been happening in the street."

He disappeared beyond the fence, but she could hear him from the street. "Don't worry, Mama, I'll watch out."

Jews in the Heilbronn area had been increasingly harassed by the Nazis during the previous months. Even the Ziefles' physician, Dr. Picard, had been receiving threatening phone calls. Now there was talk that Nazi "Brown Shirts" had been slashing tires of bicycles parked in front of Jewish-owned stores, including Woolworth's. George dismissed it as mere rumor.

As he pedaled down the street, George warmly greeted neighbors and business acquaintances. After fifteen minutes, he was parking his bicycle among a dozen others in front of Woolworth's.

The door banged loudly behind him when George reentered the house. Maria glanced up as he stamped into the kitchen. His face taut with rage, he slammed his fist on the counter.

"I was in the Woolworth store only ten minutes—ten minutes! And when I came out, those thugs had slit both of my tires!"

"Where is your bicycle now?" Maria's voice trembled slightly.

"I had to push it all the way home. Maria, this matter is going too far. If these barbarians aren't stopped, they'll soon be doing even worse things to Jews in our town. God won't tolerate the persecution of innocent people!"

"Papa, why don't we pray right now for our Jewish friends— and our children." They knelt together by the couch.

As the couple rose from their knees several minutes later, their faith renewed, Reinhold and Kurt dashed into the house, their bags thumping against their legs.

"How was school today, boys?" their father asked, greeting them with a smile. He hoped that they had not left their sister too far behind as they ran.

The boys looked at each other, hesitating. "We won't be having religious instruction anymore. They've changed it to philosophy instruction."

"Who's teaching the class?" George asked flatly.

"Oh, we still have the same teacher—Director Otterbacher."

The parents smiled with relief as Kurt told them, "Today he told us about the greatness of the twelve tribes of Israel." Kurt was not very enthusiastic about religious subjects, but he admired Otterbacher for continuing his excellent Bible teaching in the face of harassment.

Even at eleven, Kurt was very perceptive of a man's character. He had little respect for men who abandoned their principles out of fear, as his grade-school teacher, Herr Weber, had done. Weber originally professed to be a Christian, but when the Nazis rose to power, he quickly succumbed to their philosophy and taught it in the school.

Kurt, recognizing the character differences between the two men, continued to respect the Bible teacher. George and Maria were confident that as long as Otterbacher taught, their boys would receive sound Christian instruction; he would not give in to the demands of the Nazis.

Sunday was approaching, bringing with it another crisis for the Ziefle parents. Up until this time, school hours had been set aside each Wednesday for Nazi indoctrination and paramilitary drills. But beginning that month, attendance would also be required at Jungvolk rallies on the second Sunday of each month. On October 8, Reinhold and Kurt would be expected to miss church and attend the rally.

Conversation at the breakfast table that Sunday was subdued. Each person seemed to sense that conflict hovered over them. As she was clearing the table, Maria saw Kurt approach solemnly. Her heart sank as he said, "Mother, you know that I must go to Jungvolk this morning. I'll be back in time for lunch." He turned and headed for the doorway.

Maria turned slowly toward Reinhold. "Are you going to go with him?"

"No, Mama. I'm a Christian, and I'm going to church."

Her erect German spirit barely restrained the tears and the embrace that she longed to give him. "That is good, son. That is good."

The four Ziefles walked quietly out the gate and down Ackermannstrasse. Dwarfed by the huge brick Ackermann yarn factories lining both sides of the street, Reinhold and Ruth strolled together wearing the new navy-blue outfits their mother had made. Maria was absorbed in thoughts about the missing member of their family.

In ten minutes they had reached the only Protestant church in Sontheim, Matthäuskirche on Hauptstrasse. "Brown Shirts" and Nazi sympathizers had gathered in front of their headquarters across the street to heckle the faithful. Loudly some of them threatened to pelt the churchgoers with chunks of wood. The Ziefles mounted the steps silently, looking straight ahead.

Inside, the sanctuary seemed painfully barren. Of the congregation's two thousand members, only about twenty were present this morning—mostly older women. Even the beautiful ceiling fresco of Christ as the Lamb of God appeared stark and cold in the nearly empty building.

At 10:30 the bell was rung and Pastor Brendle approached the lectern. He offered a short invocation, then announced the hymn, "Praise to the Lord, the Almighty, the King of Creation." The voices of the meager congregation, without organ accompaniment, echoed weakly from the walls of the large edifice.

As she sang, Maria gazed with concern at the pastor. His muscular shoulders drooped as if he were much older than his forty years. His hair seemed thinner, and the expression of his eyes was sad, disillusioned, and anxious.

Three years earlier, in response to the Nazis' tighter controls on churches, he criticized their unjust policies in an article in the church bulletin. He had quoted Paul in Galatians: "Some false brothers infiltrated our ranks to spy out our liberty which we have in Christ Jesus, that they might bring us into bondage." The Nazis retaliated by banning his bulletin for about six months.

Unable to criticize the government from his pulpit lest he be arrested, Brendle nonetheless did all he could to insure the spiritual welfare of his parishioners. He persistently fought to uphold the use of Scripture and religious instruction. The Gestapo kept him under close scrutiny, and school officials continually criticized him. At one point the Nazis even closed the church and prevented Brendle from giving religious instruction in the school, on the pretext of a foot-and-mouth disease in the area. This harassment was a brazen affront to German law and tradition.

As the hymn drew to a close, the blare of trumpets and raucous voices singing Hitler's songs savagely invaded the quiet sanctuary. Pastor Brendle self-consciously climbed up to the pulpit for the sermon. After an uncertain moment he began to preach, but could hardly be heard.

George leaped from the pew, his face red with anger. Maria desperately grasped the tail of his coat and pulled him down to his seat.

"Don't do anything now," she whispered urgently, "for our family's sake—and the church's." Her fingers still clutched his woolen jacket. His hands trembling and jaw clenched, George remained in the seat.

The pastor dutifully continued with his sermon, though he could barely hear himself above the loud songs and shouts outside the windows. His unflinching self-control was the greatest sermon he had delivered in months. Oral treatises on complex orthodoxies frequently bewildered his flock. Today their shepherd's message reached their hearts, though hardly a word was audible.

Ruth's merrily swinging braids did little to lighten the Ziefles' solemnity as they walked home. Their feelings needed to be aired. Even Maria's emotional control was visibly shaken.

As their children walked on ahead, George growled in a low voice, "When will it end, Mama? My patience is nearly gone. There's been so much tension at work, in our home, and now—in church!"

"I wish I had an answer." Maria's eyes gazed far ahead. "God knows. But somehow that really doesn't seem enough, does it?"

Kurt was waiting for the family at the gate when they arrived home. Beaming, he exclaimed, "Let me tell you what we did at Jungvolk this morning!" The family silently walked toward the front door.

Selection 28 (p. 272)

1. What type of young people did Hitler want to raise in Germany?
2. What did Maria hear as she lay in bed?
3. What did Maria have to remind Kurt of when he returned from the youth meeting?
4. Can we understand that Kurt liked it so much there?
5. What is the relationship between George and Maria like?
6. What takes place almost all the time at home before the children go to bed?

7. What did Maria tell the children at the end of the "Dämmerstündle"?
8. Why did Maria have to go to school without breakfast when she was ten years old?
9. What news did Reinhold and Kurt bring from school?
10. What could Kurt already recognize when he was eleven years old?